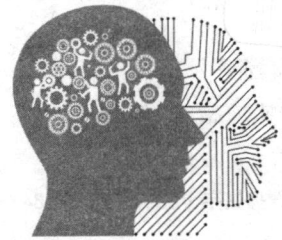

幽默的艺术

游一行◎著

吉林出版集团股份有限公司

图书在版编目（CIP）数据

幽默的艺术 / 游一行著 . — 长春：吉林出版集团股份有限公司，2017.10
ISBN 978-7-5581-3654-2

Ⅰ.①幽… Ⅱ.①游… Ⅲ.①故事－作品集－世界 Ⅳ.①I14

中国版本图书馆 CIP 数据核字（2017）第 242847 号

幽默的艺术

著　　者	游一行
责任编辑	齐　琳　史俊南
封面设计	颜　森
开　　本	880mm×1230mm　1/32
字　　数	140 千字
印　　张	7
版　　次	2018 年 12 月第 1 版
印　　次	2018 年 12 月第 1 次印刷
出　　版	吉林出版集团股份有限公司
电　　话	总编办：010-63109269
	发行部：010-69584388
印　　刷	三河市龙大印装有限公司

ISBN 978-7-5581-3654-2　　　　　　　　　定价：32.00 元
如出现印装质量问题，调换联系电话：010-82865588
版权所有　侵权必究

前言 PREFACE

为什么她长得不如你漂亮,却能吸引众多男性的爱慕?

为什么他能力不如你强,却能深受领导的看重?

为什么他其貌不扬,却能得到大家的喜欢?

……

生活中,我们常常会发现各方面条件都不如自己的人,收获的却比自己多:好的工作,好的爱情,好的生活……他们获得这一切的根源,往往是因为他们跟任何人都聊得来。而他们之所以能跟任何人都聊得来,主要是因为他们懂得幽默。

那么,什么是幽默呢?

"幽默"一词,并非中国土生土长的词汇,而是由英文"Humour"一词音译而来。第一个将"幽默"引入中国的人,是我国著名学者林语堂。林语堂先生认为:"凡善于幽默的人,其谐趣必愈幽隐;而善于鉴赏幽默的人,其欣赏尤在于内心静默的理会,大有不可与外人道之滋味。与粗鄙的笑话不同,幽默愈幽愈默而愈妙。"从林语堂先生对幽默的这番见解中,我们不难看出其主旨:幽默是人类智慧的产物,是一种高品位的情感活动和审美活动,任何平淡庸劣的价值取向和因循固陋的思维方式都不能称之为幽默。

当然,喜欢幽默的不只是林语堂,许多行业的个中翘楚都对幽默这门智慧赞赏不已。

英国大文豪莎士比亚就曾说:"幽默和风趣是智慧的闪现。"

俄国文学家契诃夫曾说:"不懂得开玩笑的人是没有希望的人!这样的人即使额高七寸、聪明绝顶,也算不上真正有智慧的人。"

我国著名作家钱锺书曾说:"一个真有幽默的人别有会心,欣然独笑,冷然微笑,替沉闷的人生透一口气。"

英国著名演员卓别林曾说:"幽默是智慧的高体现,具有幽默感的人富有个人魅力,他不仅能与别人愉快相处,更重要的是拥有一个快乐的人生。"

美国前总统林肯曾说:"幽默口才是社交的需要,是事业的需要,一个不会说话的人,无疑是一个失败者。"

日本推销大师齐藤竹之助曾说:"什么都可以少,唯独幽默不能少。"

可以说,幽默是上帝赐予人类的伟大礼物,具有惠己悦人的神奇功效。在任何场合,拥有良好幽默口才的人更容易赢得他人的好感,获得众多的支持和理解。因为出口幽默的人不仅能够用自身的机智、自嘲、调侃和风趣给人们带来欢乐，而且有助于消除敌意，缓解摩擦，防止矛盾升级，达到讽刺、暗示、拒绝、安慰等各种目的。拥有幽默口才的人，人格魅力往往比较大。因为幽默能助人突破障碍，给人带来绝地逢生的希望；幽默能够让人变得智慧，让人乐观地面对生活；幽默能够让生活多姿多彩，充满自信；幽默还能"传染"给周围的人，使他们的生活充满欢声笑语。

然而，正如精神分析学派创始人弗洛伊德所说的那样："并不是每个人都能具有幽默态度。它是一种难能可贵的天赋，许多人甚至没有能力享受人们向他们呈现的快乐。"但这并不是说我们不可以培养自己的幽默态度。

为了让每个人都能具有幽默的态度，我们精心挑选了众多的幽默案例，以妙趣横生的内容、深入细致的分析、灵活生动的笔触，讲述了人们在社交、职场、家庭等各种场合，面对不同角色的人该如何运用幽默的智慧，制造幽默气氛，达到惠己悦人的效果。

不过，培养幽默的态度是一种循序渐进的过程，只有用心感悟并玩味我们身边点点滴滴的幽默，发现生活中无数大大小小的乐趣，才能真正挖掘自己的幽默天赋，从而成为一个了不起的幽默大师。

目录 CONTENTS

第一篇 幽默艺术,零距离的制胜技

第一章
玩转幽默,化解尴尬于无形

幽默,是人人都渴望拥有的智慧 // 002
有了幽默,从容应付各种场合 // 005
遭遇尴尬,幽默化尴尬于无形 // 007
弱化陌生感,幽默的方式很管用 // 010
一句幽默话,轻松避免交际纷争 // 013

第二章
把握幽默的度,别让人会错意

把握好幽默的"度",幽默也要高品位 // 017
幽默恰到好处,勿忘五大最忌讳 // 019
说话要看对象,幽默应恰到好处 // 022
幽默要有针对,长晚辈区别以待 // 025
把握地域禁忌,避开别人的忌讳 // 028

第三章
变身幽默达人，只需修炼12招

生动比喻——借题发挥，妙吐心声 // 031

通俗用喻——四两拨千斤中的雅致 // 033

以喻晓理——哲理在幽默感中迸发 // 036

反问手法——只问不答，反诘进攻 // 039

比拟修辞——幽默将讽刺进行到底 // 042

拟人运用——别具特色，幽默动人 // 045

双关运用——明里说一，暗里说二 // 048

夸张技巧——夸大的幽默真给力 // 051

类比幽默——违反常规，耐人寻味 // 053

巧用重复——异曲中谱写同工之妙 // 055

转换幽默——由此转彼，趣味调节 // 058

巧用反语——将错就错，以讹反讹 // 060

第二篇　决战社交，幽默就是必杀技

第一章
借助幽默，打造超强个人魅力

深化记忆：幽默说出自己名字 // 064

初次见面：幽默加深第一印象 // 067
出乎意料：幽默应"话"而生 // 070
玩笑自嘲：用谦逊赢得影响力 // 072
尊严幽默：翩翩风度征服人心 // 075
淡定一笑：多点雅量面对嘲笑 // 077

第二章
化窘解难，幽默的力量最强大

因势利导的幽默，最能出奇制胜 // 081
摆脱两难问题的幽默法术 // 083
丢掉面子时，学会幽默挽回 // 085
举止失当，巧用幽默来补救 // 087
幽默道歉，谅解不请自来 // 089

第三章
当众演讲，幽默就是吸引力

幽默的演讲，要有一个趣味开场白 // 092
巧用肢体配合，增强演讲的幽默效果 // 094
讲一个笑话，演讲立即变得很幽默 // 096
千万别把滑稽与幽默混为一谈 // 098
成功的幽默演讲都是追求互动的 // 101
有幽默的开头，也要有幽默的结尾 // 103

第三篇 幽默给点力,职场才能有活力

第一章
跟同事幽默,做办公室达人

要想工作效率高,职场幽默不可少 // 108
学会幽默表达,加薪升职近在眼前 // 110
职场需要的幽默,是得体的幽默 // 112
借助幽默,避免与同事"交火" // 114
对同事有意见,要幽默地说 // 117

第二章
跟上司幽默,做晋升小标兵

幽默是晋升的一种快捷方式 // 120
用幽默的方式秀出你的幕后功劳 // 122
善用幽默,让错话转化为良言 // 125
给上司提出意见,幽默的方式更可取 // 127
幽默地说实话,更能赢得上司的好感 // 130

第三章
跟下属幽默,做有亲和力的领导

幽默感的领导总是那么有影响力 // 133

想赢得人心，用好幽默这块磁石 // 135
将"意见"幽默地说成"建议" // 138
批评有窍门，对犯错的员工幽默点 // 140
善用幽默，将批评转化成激励 // 142

第四章
跟客户幽默，做好金牌销售员

金牌销售，幽默艺术做担保 // 146
欲擒故纵，幽默地说服他人 // 149
创造独特，让幽默推动销售 // 151
幽默诱导，让对方说"是" // 155
间接说服，巧用语言的不同 // 158

第四篇 幽默来调味，幸福家庭轻松有

第一章
一见倾心，幽默求爱打动芳心

接近异性，幽默是许可证 // 162
幽默表白，恋爱"必杀技" // 164
自然幽默，滋生爱情火花 // 167
礼貌幽默，距离成就美感 // 169

获取芳心，一句幽默搞定 // 171
巧妙拒绝，让他知难而退 // 173

第二章
婚姻平淡，幽默调味保鲜爱情

没有幽默，爱情就会很平淡 // 176
风趣的回击，好过横眉怒目 // 178
常说幽默话，让爱情天天保鲜 // 180
幽默的情话，增添恋爱情趣 // 182
平息争吵，需要适度的幽默感 // 184
幽默自嘲，触动伴侣的心 // 186
心怀意见，用幽默委婉地表达 // 188
中和醋意，幽默是秘密武器 // 190
有错改错，用幽默表达歉意 // 192

第三章
亲情挚爱，幽默表达让爱升温

亲情挚爱，幽默感是传送带 // 195
幽默引导，亲子沟通更通畅 // 198
幽默教育，触动孩子的活泼天性 // 200
幽默夸赞，让孩子变"争气" // 203
与孩子幽默对话，切忌说八种话 // 206
用幽默的方式赢得父母的欢心 // 209

第一篇
幽默艺术,零距离的制胜技

第一章

玩转幽默，化解尴尬于无形

幽默，是人人都渴望拥有的智慧

"幽默是一种成人的智慧，一种穿透力，一两句就把那畸形的、讳莫如深的东西端了出来。既包含着无可奈何，更包含着健康的希冀。"王蒙如是说。

什么是幽默？幽默就是一种人生的智慧。它是文明的产物，体现的是一种才华，展现的是一种力量。

幽默以愉悦的方式向他人表达思想的高度与真诚，它就像是一座与外界万物沟通的桥，可以填平人与人之间的鸿沟，可以润滑人与人之间的关系，可以为自己减负，为他人送去欢心，可以赢得一个智慧型的美好人生。原来幽默的力量如此伟大。

幽默之所以被称之为一种智慧，是因为幽默带来的笑声完全不同于小丑在众人面前的耍宝，他需要在智慧积淀的思维基础上，以优雅的风度来呈现出自己的睿智。幽默的语言特色往往是一语中的而又不失趣味，其最基本的特点有以下两点。

第一，必须有趣味点。即是说幽默必须具有美感特征，如果只是一味地用来讽刺他人而使自己畅快，却忽略了他人的感受，那样的幽默会造成他人的厌恶与反感。

第二，必须意味深长。幽默就像是一杯醇酒，越品越会拥有醉人的味道。幽默的智慧性来自自身深刻的生活体验、敏锐的洞察力与想象力、良好的素养与语言表达能力，以及优雅的风度与乐观的情绪。

他是"二战"时反法西斯阵营的三巨头之一，他曾连续两次担任英国首相，直到今天，人们仍将他列为20世纪最重要的政治领袖之一。此外，他还是演说家、作家、记者、历史学家和画家，并于1953年获诺贝尔文学奖。他也是一位机敏睿智的幽默大师，思维敏捷，语言机智，常常用幽默的语言将局面化被动为主动，捍卫自己和国家的尊严。他就是丘吉尔。

有一次，萧伯纳为庆贺自己的新剧本演出，特发电报邀请丘吉尔看戏："今特为阁下预留戏票数张，敬请光临指教，并欢迎你带友人来——如果你还有朋友的话。"丘吉尔看到后立即复电："本人出于一定的原因不能参加首场公演，拟参加第二场公演——如果你的剧本能公演两场的话。"

丘吉尔善用幽默的智慧由此可见一斑。不仅在生活中如此，即便是在政治上，丘吉尔也能够将这种智慧应用自如。一个具有幽默感的人，一定具有强大的人格魅力，因

幽默的艺术

为他总能强烈地感受到自己力量的存在,所以能够从容地应对各种尴尬困苦的窘境。

在阿拉曼战役的前夕,丘吉尔召见了他的得力将领蒙哥马利将军。在谈话中,丘吉尔提议他应该研究一下逻辑。疆场勇士蒙哥马利担心自己会陷入纠缠不清的逻辑命题中,便找了个借口推托。他对丘吉尔说:"首相先生,你知道,有这样一句谚语:'了解和亲昵会产生轻蔑。'也许我越是研究逻辑,便会越加轻视他。"

丘吉尔取下烟斗说:"不过我要提醒你,没有一定程度的了解和亲昵,什么也不会产生出来的。"

就是通过这样直白坦率而又幽默的方式,丘吉尔最终总是能够说服自己的属下,并赢得他人的信任与尊重。再加上丘吉尔并不选择粗暴地对身边的人发脾气的处世方法,他对人对事的轻松姿态让自身的影响力不断扩大。丘吉尔的幽默是一种智慧,更是一种胸襟和力量。他曾经两次当选英国首相,被认为是20世纪最重要的政治领袖之一。

生活中的你,是整天一副严肃的表情拒人于千里之外,还是常能于妙趣横生中化干戈为玉帛呢?幽默并不仅仅是一种单纯的说笑,还是一种智慧的迸发、善良的表达,是交往的润滑剂,更是一种胸怀和境界。幽默不仅能增加你和他人之间的友谊,更能消除一些误解。幽默的力量就像太阳的光芒一样,可以使这个世界变得温暖明媚。

有了幽默，从容应付各种场合

语言作为信息传播的工具，对于我们社交之重要，正如骏马对于骑士之重要。幽默的语言还可以调节心理、愉悦情怀，使你郁闷不堪的心情在聊天中烟消云散；你也可以在轻松的交谈中去安慰别人、鼓励朋友、解决矛盾、加深了解。

会说话的人总是有目的地选择话题。尽管聊天的范围不受限制，但是他们一般都不谈庸俗低级、格调低下、无意义与价值的话题，搬弄是非、贬抑他人的话题更是回避，对方的忌讳和缺点也从不提及。

他们从不选择挑战性的话题。他们知道挑战性的话题容易引起争论，弄得大家都不欢而散。他们也不会自以为是，以教训的口吻与人说话，更不会随便炫耀，导致别人的反感。与别人在一起聊天，他们绝不会独占话语权，总是使大家都有发言机会。

可见，社交的内涵不一定是在正式场合才算社交，像聊天这种轻松随意的交流也算作是社交，一个善于言谈的人总是能在这看似平平的聊天中建立起很广泛的人际关系。

社交成功的人往往离不开他的一张社交好嘴，而要说到社交口才，风趣的谈吐不得不提。幽默的语言能帮助我们与他人进行沟通和交往，还能帮助我们处理人际关系问题，顺利化解尴尬处境。

幽默的艺术

达尔文被邀赴宴。宴会上，他恰好和一位年轻美貌的女士并排坐在一起。

"达尔文先生，"坐在旁边的这位美人带着戏谑的口吻向科学家提出疑问，"听说你断言，人类是由猴子变来的。我也是属于你的论断之列吗？"

"那当然喽！"达尔文看了她一眼，彬彬有礼地答道，"不过，您不是由普通猴子变来的，而是由长得非常迷人的猴子变来的。"

这位美丽的小姐本来要向达尔文的进化论进行质疑，因为自己的美丽导致她不愿意相信自己是由猴子变化而来。对于美丽小姐的疑问，达尔文没有给予刻板的理论说服，只是轻轻说一句："迷人的猴子"，既夸赞了小姐的美丽，也尊重了自己的研究理论。

幽默的聊天也是一种交际，其深刻的交际内涵在聪明人眼里是宝藏，在不识货的人眼里是稻草。对于如何通过聊天聊出名堂来，从而达到交际的目的，善于言谈的人有他们自己独到的方式方法。真正的社交高手就如达尔文一样，是在化解他人敌意的时候还能保持自己的原则。

幽默能够帮助我们在社会交往中与人建立一种和谐关系。当我们希望成为能克服障碍、具有乐观态度、赢得别人喜爱和信任的人时，它就能帮助我们达到目标。

在一次社交聚会上，一位先生很不知趣地就勃朗宁的作品向勃朗宁提了许多问题，勃朗宁既看不出问题的价值，也不知道他到底用意何在，便觉得十分地不耐烦，决定一走了之。于是，他很有礼貌地对那人说："请原谅，亲爱的先生，我独占了你那么多时间。"

勃朗宁在不耐烦的情况下，却依旧能够保持旷达的胸襟，一句幽默的自谦让他人识趣地离开。

在社交场合，由于社交目的、政治兴趣、业余爱好的不同，我们的生活中存在着许多社会团体，而这些团体则是社会上的人所聚集的小社会。在这些社会团体中，不论你是其中的普通一员，还是委员、干事、总干事、主席，你都可以运用幽默力量而获益匪浅。

总之，由幽默力量发出的好幽默，就相当于好的仪态举止，能使我们在各种社交场所中游刃有余，不断提升自身的睿智与左右逢源的本事，进而促使自己不断地向成功迈进。

遭遇尴尬，幽默化尴尬于无形

在生活与工作中，尴尬的事情总是潜伏在我们身边，不经意的一句话或许就会让自己出了洋相。没有人喜欢尴尬的窘迫，然而有一种人却从来不会害怕尴尬的降临，这种人就是懂幽默的人。因为幽默可以让他们运用智慧与应变能力，化解尴尬于无形之中。

幽默的艺术

有个年轻人刚学会开车,兜风时车子熄火,一时发不动,阻碍了交通,后面的司机气得猛按喇叭。年轻人满头大汗地下了车,走到后面车子的旁边,敲了敲车窗。后面的司机横眉竖眼地摇下车窗,原以为年轻人是来找麻烦的,没想到年轻人对他笑道:"先生,这样好不好,你来替我发动车子,我来替你按喇叭,好吗?"

显然,这位年轻人是不浮躁的,他没有因为别人的催促而焦虑、甚至与他人发生口角,而是在向他人表示理解的同时用一句出人意料的风趣话解决了自己的尴尬境地。他巧妙地请求别人为自己发动车子,婉转表达出车子发动不了,不是自己有意而为之,希望得到谅解。这轻松的一句话比武力还能解决问题,因为这句话已经让后面的司机化怨气为喜气了,还有什么是不能原谅的呢?

幽默除了可以让意外的尴尬消失于无形,还可以将自己的意见表达得更加和谐、生动,而又不会让他人颜面尽失。

一个作曲家带了他自己的作品去找意大利著名作曲家罗西尼。罗西尼在听他弹奏的时候,每隔一分钟就脱一次帽,然后又戴上。作曲家感到很奇怪,就问他是不是觉得热。罗西尼说:"不,我只是有一种习惯,不管什么时候,遇见熟人我就把帽子脱下来打招呼。而在你的曲子里,我觉得很多东西是从我的熟人那里来的。所以我不得不连连脱帽打招呼。"

实际上是怎么回事,罗西尼一句也没说,但读者看到罗西尼的反应肯定就明白这个作品到底是怎么回事了,当然那个作曲家也是。

叫人生气的事,却说得令人发笑,显然,用幽默来沟通这件尴尬的事情比发火更有风度和趣味。从以上几例可以看出,幽默是思想、才学和灵感的结晶,它使语言在瞬间闪出耀眼的火花。而这火花在沟通中的作用和能量,绝非普通言辞可比。它可以将窘迫变得无形,却又能将道理讲得清楚。

有一次,萧伯纳遇到一位胖得像酒桶似的牧师,他跟萧伯纳开玩笑说:"外国人看你这样干瘦,一定认为英国人都在饿肚皮。"萧伯纳谦和地说:"外国人看到你这位英国人,一定可以找到饥饿的根源。"

当别人嘲笑你的时候,要用幽默的方式来回敬对方。幽默感是避免人际冲突、缓解紧张的灵丹妙药,它不会造成任何损失,也不会伤及任何人。如果生活中出现尴尬局面,说句调皮的话更是使双方摆脱窘迫的好办法。例如,两个班级联欢,男女舞伴第一次跳舞,由于一方的水平低而发生了踩脚的情况,说"没关系"这样礼貌的话可能还会加重对方的紧张,如果用一句"地球真小,我俩的脚只能找一个落点了",则可以使双方欢笑而心理放松。

尴尬是在生活中遇到处境窘困、不易处理的场面而使人张口结舌、面红耳赤的一种心理紧张状态。在这种时

候，人们感觉比受到公开的批评还难受，引起面孔充血、心跳加快、讲话结巴等情况。这时，主动讲个笑话逗大家笑，绝对是减轻该症状的良方，尤其是在很多人看着你的时候。

弱化陌生感，幽默的方式很管用

要想与陌生人交往，让陌生人亲近你，首先就得克服交往的恐惧之心，主动与陌生人打招呼并保持联系，然后就是要自然大方地表现自己。用自己的幽默来拉近与陌生人之间的距离，用自己的诙谐来实现与陌生人之间的互动。

善于交际、会搞好关系的人的与众不同的地方，就在于他们能很快、很有效地与陌生人交往。从这点来看，做一个善于交际的人并不十分困难，只要你能主动地把手伸给陌生人。其实与陌生人交谈并不是多么困难的事，只要你回忆一下别人主动与你交谈时的激动之情，便会知道认识别人或被人认识都是令人愉快的事情。当你尝试着向陌生人伸过手去，并互通姓名之后，就会觉得这比一个人被动地站着要轻松得多了。

在南部非洲发展共同体首脑会议上，曼德拉出席会议并领取了卡马勋章。接受勋章的时候，曼德拉发表了精彩的演说。在开场白中，他幽默地说："这个讲台是为总统们设立的，我这位退休老人今天上台讲话，抢了总统的镜头，我们的总统姆贝基一定会不高兴。"话音刚落，笑声四起。

笑声过后，曼德拉开始正式发言。讲到一半，他把讲稿的页次弄乱了，不得不翻过来看。这本来是一件尴尬的事情，但他不以为意，一边翻一边脱口而出："我把讲稿的次序弄乱了，你们要原谅一个老人。不过，我知道在座的一位总统，在一次发言中也把讲稿页次弄乱了，而他却不知道，照样往下念。"这时，整个会场哄堂大笑。

结束讲话前，他又说："感谢你们把这枚用一位博茨瓦纳老人的名字命名的勋章授予我这位老人。我现在退休在家，如果哪一天没有钱花了，我就把这个勋章拿到大街上去卖。我肯定在座的一个人会出高价收购的，他就是我们的总统姆贝基。"这时，姆贝基情不自禁地笑出声来，连连拍手鼓掌，会场里掌声一片。

曼德拉巧妙地利用了自己机智的幽默天赋，即使出现了尴尬的状况也能够淡定应对。尽管是与大家的初次见面，但是他丝毫没有让大家感觉到他的陌生，反而他的一举一动就像是在自己家中一样自然，在听众看来曼德拉是一个多么可爱的小老头啊。

然而现实生活中，更多的人似乎对交往，尤其是与陌生人的交往有一种恐慌，不愿甚至不敢同陌生人交往。要想克服这种"社交恐慌"，首先就要克服自卑心理。自卑像受了潮的火柴，再怎么使劲，也很难点燃。如果你总是表现得畏首畏尾，缩头缩脚，旁人自然也以为你真的无

幽默的艺术

能,不愿与你交往。这样,你自己当然会感到更自卑,心理更压抑。那么,我们该如何克服"社交恐惧症"呢?

首先,称赞别人是治疗恐惧的特效药,你必须勇于称赞对方。对方如果和你在一起相处感到很轻松,就会不自觉地对你友善,甚至不由自主地称赞你,而你也会因此感到很轻松、很有自信,这就是我们所说的,你会很容易就得到克服羞怯的力量和勇气的理由。通常自己感到幸福的人,也会希望别人与自己一样幸福,所以你的努力一定会有所回馈。

其次,尽你的力量去帮助对方。在社交上,让对方感觉轻松愉快,是治疗自己内向很有效的方法。简单来说,帮助对方就是让对方抱持希望。人因为怀抱理想与希望才得以生存,也因此才能够经得住天灾、人祸的考验。古代君王也很清楚,使臣民挨过旱季的是"希望",使臣民禁得起雨季考验的也是"希望"。对于现代人来说,这个道理同样适用。一般的推销员都懂得"使对方保持希望"的心理学,推销员能够向顾客推销保险,就是利用这种心理学——让顾客在遭遇不幸时还存有希望。而推销员向顾客推销牙刷、化妆品的要点,就在于利用对方希望自己健康、美丽的本性。

如果你能够让对方抱持希望,帮助他实践希望,你一定能够赢得他的友谊与关爱,在他的心目中占有重要地位。而这一份重要感除了让你觉得愉快、轻松,也会满足你的自信心。这样一来,你必能克服自己的内向和胆怯。

所以,如果你想从生活中赶走自己的内向和胆怯,你就必须使你周围的人,特别是会遭受困难的人抱持希望。换句话说,你应该对他们付出关怀,帮助他们,让他们再度燃起生命的火花。譬如,对你的上司、同事、顾客,你都应该让他们对你即将提供的东西抱持希望。

最后,你在心理上要对自己多加鼓励,尽量减轻自己的心理负担。比如说,在与陌生人交往中感到恐惧时,你不妨想一想:我社交的能力虽然差些,但别人开始时不都是这样吗?不管什么事情,开始都不见得能做好,多实践几次就会做好了,大家都是一样。这样想对于克服与陌生人交谈时的局促很有效果。

当你遇到举止谈吐、风度魅力及其他方面都很出色的人时,不要将自己盲目地与他进行比较,心里千万不要这样想:他真棒,我比不上他,和他在一起,我实在太差劲了。而是应当这样想:他确实很出色,但是人各有长处,我在这方面虽然不如他,但是在别的方面我也有自己的特点。人生来不是为了与别人盲目进行比较而活的,重要的是发现并发挥自己的各种潜能。"梅须逊雪三分白,雪却输梅一段香。"明白这个道理后,你就会变得自信起来。

一句幽默话,轻松避免交际纷争

在人际交往中,当发生矛盾时,只有那些缺少幽默感的人,才会把事情弄得越来越僵。而幽默者则能使交际变

幽默的艺术

得更和顺、更自然。幽默的语言在某些场合下会产生一种神奇的效果。

一小镇上开了一家酒馆，酒店老板王五脾气非常急躁，常常听不得半句坏话。一个大热天的中午，一个过路人停下来吃饭，要了一瓶酒和一些菜。他刚喝了一口酒，就忍不住叫了出来："酒好酸！"酒店老板听后，不由得大怒，马上吩咐店里伙计拿棍子去打这个人。这时，又进来一位顾客，看到老板正要打客人，连忙问："老板为什么打人？"

老板说："我卖的酒远近闻名，这人偏说我的酒是酸的，你说他该打不该打？"那个顾客说："酒就是酸的，你还坑人。不信让这位先生尝尝，让他评评理。"这可是个难题。如果这酒不是酸的，那这个过路人肯定少不了这顿打，如果直接说这酒是酸的，那么这个尝酒的人可能也要挨顿打。

只见这个人说："让我尝尝。"

老板递给他一杯酒，这人刚尝了一口就连忙放下杯子，眼睛眉毛都酸得皱在一起，脱口说道："你还是把他放了，打我两棍子吧。"

一听这话，店里的人包括店老板哄堂大笑。

一句诙谐幽默的话就这样把一场纷争给平息了，接下去的交涉显然会平和得多。说话风趣，还可以使许多尴尬、难堪的交际场面变得轻松和缓，使人立即消除拘谨或不安，使谈话气氛得到活跃，使谈话者之间关系变得融洽，使人们的思想感情得以沟通。幽默是人的思想、学识、智慧和灵感在语言运用上的结晶，是瞬间闪现的光彩夺目的火花。幽默初看起来感觉好像是一种表面的滑稽，形式的逗笑，而实际上它是一种对待对象、现象和整个世界的严肃的态度，它能使听者对你说的话感兴趣。

幽默不仅可以缓和僵局，也可以使人尽快恢复冷静。

有一次，在某市一条车水马龙的大马路边上，围了一群人。原来是一对年轻夫妇在吵架。男的约30岁，戴副眼镜，模样像个知识分子；女的面容憔悴，哭着要撞汽车寻死。那男的大声责骂妻子："没知识，跑到大马路上当众出丑。"并且还骂了一连串的粗话，他妻子则越哭越响，旁人劝几句也根本不顶用。这时有位老人走上前拍拍那男的肩膀说："你戴了副眼镜，像个知识分子。你有知识，就不要闷在肚子里，要拿出来用——"老人把"用"字字音拖长，讲得很响。那男的听了一愣，定神听老人讲话。老人接着说："你要用你的知识来说服你妻子嘛！如果你只会跺脚，只会骂，不也变得没知识了吗？（众人哄笑）还是找个地方，冷静下来，好好劝劝她吧！"

那男的听完这话就没了言语，在一边生着闷气，但也不那么凶了。老人又去劝那女的："有话好说嘛！心里有什么委屈都讲出来，不要闷头哭！汽车不能撞，大卡车可是个大力士，你瘦瘦一个人怎么撞得过它呢？"（众人大笑）那女的被大家笑得不好意思，倒也不哭了。

幽默的艺术

　　这番劝架的话确实立见功效,那对夫妻不吵了,慢慢地走到公共汽车站,上车走了。

　　这是一个成功劝架的例子。其实,吵架、劝架在生活中十分普遍。

　　吵架时,双方脸红脖子粗,气氛紧张,本来简简单单就可以解决的问题,也因为失去沟通的基础——平静、平和的心态而变得难以解决。这时,一两句风趣幽默的话,就像清凉油、润滑剂一样,可以"降温""放松",从而使双方冷静。老人劝那女的不要自杀,把大卡车比作大力士,完全像哄孩子,由不得人再哭。老人几句风趣幽默的话,缓和了紧张气氛,让吵架的人想发火也发不起来了。幽默在调和沟通氛围中有多大的作用,于此可见一斑。

　　幽默只是说话艺术中的一个部分。社交中处处都有发挥口才的空间,拥有好口才能使社交得心应手,使你充分展现自己的魅力,从而获得更多的人脉资源。

第二章

把握幽默的度,别让人会错意

把握好幽默的"度",幽默也要高品位

想要把幽默表达得合理,便要分清场合,把握好幽默的"度"。一个乐观自信者往往具有很高的品位,同时胸怀坦荡,使得他的幽默感也具有了足够的活力与吸引力。反之,流里流气、崇尚低级趣味的人,除了惹人憎恶,也就没有其他的特点。因此,在表现幽默口才时,若不把握好幽默的尺度,单纯为幽默而说笑,那么必将对自己的形象和自己在别人心目中的分量产生不利的影响,甚至对两人之间的关系也有直接的影响。因此,使用幽默口才,把握住分寸极为关键。

需要我们特别注意的是:讲述幽默切不可挖苦和嘲笑对方,也不要恶意模仿别人的动作和说话语气;幽默的语言应该是很精练的,唠唠叨叨同样惹人反感。而那种一味的滑稽、没有营养的幽默,只会让表达者得到"小丑"的"名声",对个人形象来说绝无益处。没完没了的幽默,只会失去幽默本身应当具有的魅力。同时,在表达幽默口

才时还要加强对时机的把握,一旦发现现在所讲的这种幽默能引起听者的兴趣,或者可以把气氛调动得愉悦欢快,那就应该毫不犹豫地继续下去。反之,马上闭嘴是正道。

表现幽默口才时还应注意听者的特征。要根据听者的性别、身份、地位、阅历、文化素养和性格表现出不同的、具有针对性的幽默口才。要知道,并不是所有人都对幽默有好感。一般来说,那些关系比较密切的熟人、朋友之间可以开开玩笑,哪怕有些过火也无碍大局。但如果你所面对的是那些"半生不熟"的人或领导、内向女性,那么随便开玩笑就不合适了。

生活中如此,在工作中,幽默也同样有所禁忌,尤其是在"无风还起三尺浪"的办公室,就更要注意开玩笑的尺度,即使是最轻松、最简单的幽默,也要把握住分寸。当然,这并不是说办公室就是一个不苟言笑、死气沉沉的地方,在某些时候,办公室里的玩笑可以起到调节紧张工作的节奏,减轻工作压力的作用。但切记,这个时候的玩笑绝不能过分,最重要的是绝不能在异性面前说那些低级趣味的笑话,否则,必将为人所不齿。

在办公室的幽默口才一定要注意到以下几方面。

(1)人们很少像他们自己认为的那样大度宽容。

(2)玩笑是主观和伤人的,没有人人都喜欢的笑话,几乎每个笑话都会有一个受害者。在制造任何恶作剧之前,应该问问自己:我的受害者能否承受得住?

(3)玩笑完全在于时机的选择。玩笑对象不是太忙的时候,可能认为这个玩笑有趣;当他或她正在赶工时,玩笑可能就变得没那么有趣了。如果你开玩笑的次数多过上厕所的次数，那么你就有问题了：你是个麻烦制造者。

（4）制造一个影响一个大部门甚至是整个公司的恶作剧不是件好事。每个人的幽默感不同，总有一部分人认为做这种事的人是愚蠢的。

（5）记住玩笑对象的忌讳，不要触犯他们心中的底线。

（6）记住你的职业。在医药行业，在某人抽屉里放一只人手不算可笑，而在法律行业，在其屁股底下放一个吱吱作响的坐垫，就已经是开玩笑的极限了。

总之，把握分寸、学会察言观色，才是使用幽默口才最重要的环节。

幽默恰到好处，勿忘五大最忌讳

言语幽默的人更容易获取成功的机会，但是在运用幽默的时候，千万不要忘记以下这些忌讳。

首先，忌不明确目的，不掌握尺度。有了目的才会有方向，而弄清石头的支点在哪里，则是关键，这是非常明确的。

幽默的目的有大有小、有远有近。一般的社交场合中，幽默家一试身手的目的有二：一是把听众给逗乐了，让他们哈哈大笑，在自己努力创造的欢乐气氛中联络感情，办好事情；二是展示才华，表现自我。

幽默的艺术

幽默的尺度，也是幽默的支点。据说火车刚发明时，还没有马跑得快，人们便因此而嘲笑它。这种嘲笑的结果只能阻碍火车发明的脚步，而不会促其进步。因此，我们必须注意对幽默尺度的掌握。

其次，忌拿庄严的事物当作幽默的对象。每个时代不同的人群都有自己尊崇的"圣贤"，即神圣、崇高的事物。当今社会，为众人所接受的英雄形象，能维护公众利益的权威形象，似古时"圣贤"一般，不可拿来当作幽默的对象。

这时，问题就出现了，难道幽默与时政不存在关系吗？政治家不能作为幽默对象吗？回答是否定的，幽默虽不能直接以时政为对象，但我们可以从边缘入手，从以下几个层次上做文章。

第一，幽默对一些政治家的讽刺，古今中外不胜枚举。西方人对一些翻云覆雨的政客深恶痛绝，常创作一些很出色的幽默作品来挖苦他们。有一则幽默故事说，西方某地定期举行国际性的"撒谎"大赛，竭诚欢迎人们参加，只是坚决拒绝政客参加，理由是大赛选手都是业余撒谎者，而政客则是职业撒谎家。

第二，对一般政治家，采用一些善意的幽默，也还是可以的。在美国，由于民族传统的关系，拿总统开个玩笑似乎也是轻松平常的事，算不得犯上或不敬。

一个天气晴朗的下午，当时仍任美国总统的布什和仍是英国首相的撒切尔夫人会面，他问她："请问如何才能衡量下属的才智？"

撒切尔夫人气定神闲，把她的外交大臣豪招来，问他："你爸爸的儿子如果不是你兄弟，是谁呢？"豪爽快地答道："豪。"豪离去后，撒切尔夫人对布什说："就这样，很简单，不是吗？"

布什回到白宫，叫时任副总统的奎尔进来并问他："你爸爸的儿子如果不是你兄弟，是谁呢？"奎尔答不出来，跑去请教基辛格。基辛格听完问题，回答他："基辛格。"奎尔随即回来答复布什："基辛格。"

布什听了，长叹道："唉，奎尔，我真给你气坏了。答案应该是豪呀！"

这种类似的拿总统取乐的美国笑话，几乎俯拾即是。但是这类不伤大雅的政治玩笑，平民可以开，但对于政客来说则需谨慎。

第三，在幽默过程中，应尽量避免不雅的内容和形式出现。

东晋元帝生了个儿子，遍赏群臣。有个叫殷羡的臣子谦让说："皇子诞生，普天同庆。我们没有什么功劳，为什么犒赏我们呢？"

元帝笑道："这种事怎么能让你们有功劳呢？"

第四，不拿不如自己的人调侃。客观而论，站在你的角度上，比你混得差的人可笑之处肯定不少；但如果总

幽默的艺术

是津津乐道于笑话不如你的人，你就会被别人笑话，笑你不厚道、笑你没出息，笑你专拣软柿子吃。高明的幽默一般是避开、淡化了题材中人物的面目，或者将聚光灯对准"大人物"，找乐子。

第五，运用幽默语言时不可在伦理辈分上占便宜。这个问题，在相声表演上比较突出，年代愈是久远愈是难禁止；在一般场合中，也时有发生。趣味低级的人往往喜欢找机会给身边的同事当一会儿"父亲"或是"爷爷"辈之类的，这样很不好。其中的道理，作者不讲，大家也会明白，只要心理健全、富有同情心的人都会理解这一点。

综上而言，幽默不可不注意幽默对象的地位和背景。掌握了幽默中的禁忌，才能让人喜爱、处处受欢迎，人际关系才能融洽、和谐。

说话要看对象，幽默应恰到好处

对不同性别的人讲话，应当选择不同的方式。面对不同的交谈对象，也应该选择恰如其分的幽默话。

一位男青年碰到了好多年不见的女同学，大声嚷嚷起来："你真是越长越'苗条'了！可惜啊，中国没有相扑运动。"女同学扭头就走，男青年讨了个没趣。

对于胖与壮的问题，男人一般觉得没多大关系，但若说某位女性壮,她会非常不悦。这也是男青年自讨没趣的原因。

说话看对象,也要考虑说话对象的文化程度。

人口普查员填写人口登记表,问一个没有文化的老太太:"您有配偶吗?"老太太说:"你问我有没有买藕吗?"结果闹了个笑话。

说话看对象还要看对方的身份职务。

身份职务不同并不妨碍人际交流,下级对上级、晚辈对长辈、学生对老师、普通人对于有名气地位的人等,不应当也不必要表现得屈从、逢迎。但在言谈举止上不能过于随便,有必要也应当表现得更加尊重一些。比如,学生与老师之间发生了矛盾,可以像同学之间发生矛盾一样平等地交流、沟通,但在说话上应当注意方式和讲究措辞。

谈话对象还要分性格和心理状态。

性格外向的人易于和人交谈,性格内向的人多半沉默寡言,不善于主动与人交谈。同性格开朗的人谈话,你可以侃侃而谈;同性格内向的人谈话,你就应注意分寸。

不同的人在不同的情况下有不同的心态,有时候甚至不会从外部明显地表露出来,这时作为表达者就应当洞察对方的心理,以便进行有效的交流。

从前有个人在家里大宴宾客,眼看着约定的时间已经过了,还有一大半的客人没来。主人心里很焦急,便说:

幽默的艺术

"怎么搞的，该来的还不来？"一些敏感的客人听到了，心想："该来的没来，那我们是不该来的。"于是悄悄地走了。主人一看又走掉好几位客人，越发着急了，便说："怎么这些不该走的客人，反倒走了呢？"剩下的客人一听，又想："走了的是不该走的，那我们这些没走的倒是该走的了！"于是又都走了。最后只剩下一个跟主人较亲近的朋友，看了这种尴尬的场面，就劝他说："你说话前应该先考虑一下，否则说错了，就不容易收回来了。"主人大叫冤枉，急忙解释说："我并不是叫他们走哇！"朋友听了大为恼火，说："哦，不是叫他们走，那就是叫我走了。"说完，头也不回地离开了。

以上这个事例告诉我们：幽默说话一定要看对象，注意对方的心理状态，观察对方的性格特点，尽量避免说话时无意之间伤了人。

谈话还应注意的是，跟与自己关系不同的人一起，说话方式上也要区别对待，主要包括以下几点。

第一，许多人结婚后，认为对方成了"自己人"，在语言和行为上开始毫不在乎分寸，无所顾忌，想说什么就说什么，想怎么说就怎么说。这种在夫妻之间任其自然的做法的积极方面，是可以使夫妻双方推心置腹；消极的方面，就是有时不加考虑的言行会伤害对方的感情。

第二，如果是朋友惹恼了你，你可以在一段时间内拉开距离，直到气消后再去找他。但不管妻子对丈夫或丈夫对妻子多么生气，却无论如何是回避不了的。因此，体谅就显得非常重要，理解也成了把握分寸的基础。

第三，跟朋友幽默说话，要真诚、实在、和气，但这样不等于不讲究说话技巧、不需要分寸。幽默话说得好，可以加深朋友之间的感情；幽默话说得差，不讲究方式，迟早会使朋友疏远你，甚至得罪朋友。

第四，多说对朋友有好处的幽默话。在中国，中庸之道是一种至高的做人法则，掌握了这一法则，便能在生活中游刃有余。交友也讲中庸，除了"谈而不厌"，还要"简而文""温而理"，简略却文雅，温和且合情理。

在幽默说话过程中知己知彼，才能"百说百灵"。

同样的幽默话，可能这个人说，你很愿意接受，而换了另外一个人说，你不但不会接受，而且还会产生反感情绪。因此，说话要分对象，要有针对性。

幽默要有针对，长晚辈区别以待

幽默说话要有针对性，通俗一点说就是：到什么山唱什么歌。

世界上没有两个完全一样的人，因为人有民族、地域、年龄、性别、经历、文化程度、性格特征、兴趣爱好、心理状态和所处环境等区分，以至于人与人之间的差异有时是惊人的。独特的个性、爱好，独特的知识结构、心理态势，使某个人只能是"这样"而不能是"那样"。因此，与不同的人交谈，就要采取不同的幽默方式。

幽默的艺术

　　幽默说话一定要看场合和对象，其目的是为了遵循交际规律，要在真诚待人、平等互利的基础上看准对象说话，以科学的态度掌握人际交流的艺术。

　　幽默说话首先要看对方年龄，与长辈说话和与晚辈说话的分寸就各不一样。作为长辈，特别是上了年纪的人的一大特点是喜欢追忆往事，如果你能令他回想起曾经历过的某一段美好时光，他会变得很快乐，喜欢同你说话，而他一旦打开话匣子，就会有说不完的话。在同年纪较大的长辈说话时，应避免过多地谈及"老"，这样会使他感叹人生短促，引发伤感情绪。如果遇到一位"不服老"的人，他将会对你产生不满。因此，与长辈说话，不应该像与平辈说话那样无所顾忌，不注意分寸。

　　与长辈谈话，也不必过分表示你的恭敬有礼，或者勉强自己一定要听完他的长谈。由于老年人一般讲话缓慢，有时碰上一位融洽的闲聊者便会滔滔不绝，话无止境。因此，听他讲多长时间应随自己的兴趣而定。不管他如何漫谈，可以让他讲完一个完整的故事，然后借机离开。离开时应对他的谈话表示热情的感谢，再礼貌地告别。

　　有些长辈，虽然年纪不小了，但是还能保持年轻人的心态，像个老顽童一样快乐。他们会以幽默克服自己的弱点，对社会仍能事事关心，完全不觉得自己老。

　　但也有不少长辈，在独处时会感到寂寞，有的还会因为老来多病而苦恼。对于他们，我们应该多给予关心，多讲一些安慰的话。想一想，总有一天我们也会像他们一样老，唤起自己的同情之心，同长辈谈话的分寸也就好掌握了。

如果是跟晚辈幽默说话，首先，不要摆老资格。经验这个东西绝非万能之物，如果老年人张口闭口就是"我当年如何如何……""你们年轻人该如何如何……"这样的话，相信没有哪个年轻人爱听。这就是与晚辈说话不讲分寸的一个体现。长辈与晚辈相处，应多谈一些年轻人感兴趣的话题。所谓的经验，有时是有局限性的。此一时，彼一时，此一地，彼一地，环境千差万别，经验不可能永远万能。

此外，不要倚老卖老。有些老人在与晚辈谈话时，经常漫不经心、心不在焉，易使年轻人感到自己被轻视。即使他面前的老人据其阅历、学识而有足够的理由轻视他，他也很难愉快地接受这种轻视。这种情绪的影响，往往会堵住思想的闸门，使年轻人不愿意再同老人多说，甚至把已经准备好的心里话，把需要和老人商谈的问题"咽"回去。

所以，与晚辈人说话时，不应该去轻易否定一切来自年轻人的看法，而应做出中肯的分析，帮助他们答疑解惑，给予满腔热情的支持。即使年轻人的某些看法，显得幼稚、单纯、片面，也不要全盘否定。

说话时还要注意不同的人有着不同的基本情况，比如对方的性别、文化程度、身份、职务等。

家庭生活中，就不需要注重过多的礼节，只要随意、真诚、幽默些就好。

俗话说，"看碟下菜，量体裁衣"，见什么人说什么话。那么，是不是就要"曲意逢迎""逢场作戏"呢？可以说"是"，也可以说"不是"，可以庸俗化，歪曲为虚

幽默的艺术

情假意,也可以实事求是,理解为灵活机动,具体问题需要具体对待。

生活中说话应注重圆融,对待长晚辈要因时因地地说出令人心神愉悦的话,才能让生活多一些温馨的快乐,少一些吵闹的纠缠。

把握地域禁忌,避开别人的忌讳

我国地域广阔,方言习俗各异。一个规模较大的单位,不可能只由本地人组成,一定还会有各地的同事,在交流时要特别注意这点。不同的地方,语言习惯不同,自己认为很合适的语言,在其他不与你同乡的同事听来,可能很刺耳,甚至认为你是在侮辱他。

小齐是西北某地区人,而小秦是北京人。一次两人在业余时间闲聊,谈得正起劲,小齐看见小秦头发有点长了,就随口说:"你头上毛长了,该理一理了。"不料小秦听后勃然大怒:"你的毛才长了呢!"结果两人不欢而散。

无疑,问题就出在小齐的一个"毛"字上。小齐那个地方的人都管头发叫作"头毛",小齐刚来北京时间不长,言语之中还带着方言,因此不自觉地说了出来。而北京却把"毛"看作是一种侮辱性的骂人的话,无怪乎小秦要勃然大怒了。还有许多其他的语言习惯，如北方称老年男子为老先生，但在上海嘉定人听来，会当成是侮辱。安徽人称朋友的母亲为老太婆，尊敬她，而在浙江，称朋友的母亲为老太婆那简直就是在骂人了。各地的风俗不同，说话上的忌讳各异。在与朋友交往的过程中，必须留心对方的忌讳话。一不留心，脱口而出，最易伤朋友间的感情。即使对方知道你不懂得他的忌讳，情有可原，但至少你还是冒犯了他，对双方的友谊是不会有增进的，因此应该特别留心。

各地的风俗习惯不同，所以各地的习俗也形形色色，五花八门。因此，当我们在和外地人交谈时，首先就要了解一下该地域的文化背景，尤其是当地的禁忌，以免在谈话中使用了不恰当的语言，触犯了他们的忌讳，从而引起不必要的误会，甚至妨碍了有效的人际交流。

比如，到内地来投资的香港商家很多，他们说话时都爱讨个吉利。所以，我们在与港商进行洽谈时，当地认为不吉利的话就不要说。像"四"与"死"谐音，在他们面前说"四"就会犯忌讳。他们对六、八、九这三个数字颇有好感，因为听起来很像大吉大利的"禄发久"。掌握了这一点，你讨价还价时，不妨向他们讨个吉利。

到饭店去用餐，如果要吃猪舌，可千万别直呼其名。因为"舌"与"蚀"同音，"蚀"即亏本。与港商一起用餐，你若说："点个炒猪舌"，他们肯定会觉得不快。而平时，他们总是称猪舌为"猪利"或"赚头"。

"金利来，男人的世界"——这句广告词可谓家喻户

幽默的艺术

晓,令"金利来"领带风靡神州。殊不知,它也曾有过被消费者拒之门外的经历呢!

"金利来",原名是意大利文的意译——"金狮"。

有一天,"金狮"有限公司董事长曾宪梓先生,将两条"金狮"领带送给一个亲戚,亲戚一脸不高兴地说:"我才不戴你的领带呢。金输金输,什么都输掉了。"

原来,粤语中,"狮"与"输"读音相近。为了避免犯这个忌讳,曾先生当晚一夜未眠。冥思苦想,绞尽了脑汁,终于想出了万全之策。

他将GOLD依然意译为"金",却将LION音译为"利来",即"金利来"。这个名字体现了曾先生对消费者的文化传统、风俗习惯以及消费心理的尊重,终于使"金利来"这个名字一叫即响,人见人爱。可见,只有入乡随俗的词语,才能真正抓住顾客的消费心理。

第三章

变身幽默达人，只需修炼12招

生动比喻——借题发挥，妙吐心声

人总有难言之隐，不便说道，然而偏偏有人要苦苦相逼。在这种时候，巧用幽默的比喻来道明心机，就能轻松化解尴尬的局面。有些比喻通俗易懂而又思想深刻，表情达意，恰到好处。

在我们的日常生活特别是工作中，经常需要处理一些人与人之间的关系。特别是在私企中，规章制度比较严格，老板觉得你不顺眼或者你偶尔工作不到位就有可能被解聘。虽然工作中的许多问题是由老板的失误造成的，但责任却要算到你头上，这时就要考虑怎么做一个周全的解释了。

这时，可以巧妙地利用比喻，使用含沙射影的方法，给造成尴尬的人提个醒，既保留了他人的面子，又达到了自己的目的，维护了自己的权益。

幽默的比喻除了在社交口才中具有很强的用武之地，在生活中也具有出色的趣味性。比如说下面这个在网络上流传的婚姻与鞋之间关系的段子。

品牌鞋是郎才女貌的婚姻。高贵、典雅、舒适、大方，但价格昂贵，没法走泥泞坎坷的路。唯有精心保养、时时珍惜，才能让鞋子的寿命长久。

布鞋是青梅竹马的婚姻。一眼看上去简单朴素，穿在脚上经济实惠，放起来无牵挂，感觉上很快捷，但登堂入室的时候，总感觉有些不合时宜。

旅游鞋是患难与共的婚姻。看着奇特，穿上轻灵。最重要的是哪怕走过风雨泥泞的地方也不会脱帮掉底，并且只要穿上，就与脚紧紧相抱。穿着这样的鞋走人生路，越是坎坷，就越能显出其耐用合脚的特征。

舞鞋是浪漫型的婚姻。轻便、灵活、高雅，但一旦离开浪漫的舞台，就再无用武之地。

跑鞋是事业型的婚姻。合脚的跑鞋能跟脚互相帮衬，相互提携，然而一旦离开事业的跑道，两者之间的适应能力就差得远了。

高跟鞋是老夫少妻的婚姻。样子别致，看起来很美，但甭想穿着它长途跋涉。

凉鞋是开放型的婚姻。它的优点在于在人情感上升的夏季能够很容易地穿上它；弱点在于，一旦情感的季节开始降温，脱下它也方便至极，除非不怕冷，否则别抱着穿很久的打算。

拖鞋是红杏出墙的婚姻。穿起来很容易，适应性也很强，但别想穿着它出大门、走正路，只能在很小的范围内穿着舒服舒服，想穿着它走远路，基本上没有可能。

小号的紧口绣花鞋是建立在金钱基础上的婚姻，看上去很美，但舒不舒服只有脚知道，那滋味恐怕不太好受。

一种轻松的幽默，简单明了生动地用比喻的方式把各类婚姻的特点阐述得淋漓尽致。鞋舒不舒服只有脚知道，把婚姻比喻成鞋，婚姻是不是合适只有当事人才了解。

比喻式幽默的优势就在于生动鲜明，让听者在轻松愉悦中获得真谛，而且更能显示出幽默口才表达者要表达的深刻内涵。时常用之，你定会成为广受欢迎的幽默口才大师。

通俗用喻——四两拨千斤中的雅致

姚明，2002年被美国休斯敦火箭队选中，成为NBA的首位外籍新秀状元。9年来，他在NBA取得了巨大成功，成了闻名世界的球星和全世界球迷心中的偶像。姚明在场上与对手比拼，场下还要与记者过招。场上，他挥洒自如，用精湛的球艺征服对手；场下，他谈笑风生，用如珠妙语应对记者。姚明应答的技巧也同他的球技一样娴熟，充满智慧，令人赞赏。

姚明在答问时经常用到比喻，有时很难说清的问题被他一个随口的比喻说得清清楚楚。他的比喻雅俗共赏，朴实中藏着精明，通俗中透着雅致，有一种四两拨千斤的巧劲。

1. 比喻通俗，明白如话

记者："在NBA，你最喜欢看哪个球员打球，为什么？"

幽默的艺术

姚明:"这个世界每天都很精彩。就像你吃饭不能天天只盯着肉一样,要每样东西都吃一点。打篮球也一样,从欣赏的角度说,看哪种类型的球员打球对我来说都是一种享受。"

面对记者的问题,姚明本可以说出某个他喜欢的球星,但姚明深知,一个优秀的球员,只有博采众长,才能不断地完善自我,所以他就巧妙地以吃饭为喻,表达自己享受篮球,向不同球员学习的心愿。人天天都要吃饭,并且不可能只吃肉不吃别的东西,姚明用每天都要吃不同的饭菜来比喻自己喜欢不同的打球风格。他的回答通俗生动,显得非常朴实。

2.联想设喻,迂回巧答

记者:"现在好像有个定律,只要你打满40分钟,中国队就能赢球,你怎么看这个现象?"

姚明:"(沉思)怎么说呢?原来上海队李秋平教练用我,上海媒体就问,不用姚明上海队怎么办?李指导当时就回答:'我有姚明为什么不用?'打个比方说吧,你手里有一挺机关枪,为什么还要拿一把笤帚或者红缨枪去战斗?"

雅典奥运会时,姚明打满全场,中国队以1分优势胜塞黑队;2006年8月世锦赛,姚明又打满40分钟,中国队以1分险胜斯洛文尼亚队。记者的问题,含有批评的意思:对依赖某一个人来"扛"起整个球队的现象表示担忧。姚明当然听懂了弦外之音。此时，如果承认记者的说法，有埋怨教练之嫌。他用了一个比喻侧面回应记者：冲锋陷阵，哪个将帅不喜欢用"机关枪"这样威力大的武器？作为一挺"机关枪"，我就应该发挥最大的威力，咬牙坚持到底。姚明的这个比喻，形象生动，把自己的作用和应担负的责任说得一清二楚，侧面回答了记者的难题，还显示了自信。

3. 情景比较，妙喻天成

记者："当王仕鹏投中压哨三分后，你第一个冲上去抱住了他，王仕鹏说，你差点把他撞了个跟头，现在想起来，你当时的兴奋之情是不是已经无法控制了？"

姚明："我不知道这样的比喻确不确切：当时就好比一个病人得知自己已经到癌症晚期了，但医生突然跑来告诉他说这是误诊，当时的心情应该就是这样。"

世锦赛中国队对斯洛文尼亚队，胜，出线；败，回家。在这场生死大战中，姚明力拼了近40分钟，已经精疲力竭，但终场前5.8秒时仍落后2分，这时，王仕鹏神奇地投中了一个3分球，以1分险胜。姚明曾在赛后说："当落后两分时，我心里一直在想：'我们完了，我们完了！'但王仕鹏在最后一刻奇迹般地投进了，带来了一场球赛中最关键的胜利，我当时非常兴奋！"那么，这种兴奋的心情究竟是什么样的呢？姚明形象地用一个癌症晚期患者突然得到医生告知是误诊时的兴奋之情来比喻。

这个比喻简直是妙不可言：一个病人得知自己是癌

幽默的艺术

症晚期时是什么心情，又突然被告知是误诊时又是什么心情，人们一点也不难想象。因此用这个假设的情景作比喻，就把不容易说清楚的"兴奋"表达得淋漓尽致，可以说几乎无法再找一个这样精当的比喻了。

通过姚明善用比喻的幽默，我们从情境中学习到了比喻在幽默口才中的重要性。如果说幽默的口才是冬天里的一把火，那么比喻的修辞手法就是点燃这堆火的火柴。

以喻晓理——哲理在幽默感中迸发

譬喻，可谓说辩艺术之精华。譬喻是用具体、浅显、熟知的事物去说明或描写抽象、深奥、生疏的事物的一种手法。说理中，取喻明显，把精辟的论述与摹形状物的描绘糅合为一体，既能给人以哲理上的启迪，又能给人以艺术上的美感。

古希腊哲学家亚里士多德说过："比喻是天才的标志。"的确，善用譬喻，是驾驭语言能力强的表现。说理时运用贴切、巧妙的譬喻，可以生动地表情达意，增强说理的魅力。

某大工具制造公司所属的工厂，安排召开了一次预算与标准成本的研讨会。开会时，成本设计部门的负责人应邀说几句话。

他手里拿着该公司生产的一件产品："我想大家都知

道这是什么?"席间立即传来一片"当然,自然,那还用说……是温度计"的回答。

成本部门的主管说:"我看得出来你们非常了解自己所置身的企业,现在你们再看看这是什么?"他又拿起公司所生产的另一件"名产"。

"调温器。"底下又是一片叫声。

"大家又说对了。"这位主管说,"现在你们已经知道什么是会计,什么是预算。这种售价数百元的温度计是一种'测量'的工具,它告诉我们测知的温度,和会计的功用完全一样。

"而调温器——我拿的这种产品在外面只卖几块钱,是专门用来'控制'的工具。它不但告诉我们现在的温度,还可将温度控制在一特定的范围内,而预算的功用也是如此。

"这次研讨会的目的就是告诉大家有关测量与控制的细节。"

这位主管巧妙地引用员工自己最为熟悉的产品来比作"预算"和"控制",使枯燥无味的研讨会变得生动有趣,大大增强了说服的效力。

以喻晓理,只需取喻明显得当,再与精辟的说理形象生动地结合在一起,就能让人们在耳目一新中学习到鞭辟的哲理。

抗日战争期间,中央警卫团划归军委,由叶剑英同志分管。

 幽默的艺术

当时警卫团的多数同志是从战斗部队抽调的老同志，他们都希望到前方去，不愿在后方，甚至有许多战士为此闹情绪，觉得不能上前线杀敌，"窝"在后方不算真正的八路军战士。

叶剑英了解到这一情况后，就在离枣园三四里路的警卫团驻地——侯家沟召开了一次全团大会。

在讲话中，叶剑英谈到大家都想到前方去，不安心工作时，提高了嗓门，大声说道："中央警卫团应该改名，不叫警卫团，叫'钢盔团'。"

大家一听，全都懵了，怎么叫这么难听的名字？

叶剑英解释道："钢盔是干什么的？"

"当然是保护脑袋的！"战士们异口同声地回答道。

"对！钢盔是保护脑袋的，中央警卫团是保护全党的脑袋——党中央的，所以应该叫它'钢盔团'，你们说对不对？"

大家都笑了，一齐回答："对！"

"人没有脑袋行不行呀？"

"不行！"

"你们都是英雄好汉，到前方去可以杀千百个鬼子，但是没有党中央来领导抗战，能不能把鬼子打出去？"

"不能！"

于是，叶剑英大声宣布："以后，谁再不安心在警卫团工作，叫他来找我，我们来谈这个道理。"

战士们听完叶帅的这番讲话后，思想豁然开朗，都深刻理解到自己的"钢盔"作用，会后再没有人闹着要求离开中央警卫团了。

类比也是设喻中的一种，类比喻理之所以能够有较强的说服力，在于"类"是启发人的"思路导体"，通过它，人们可以对原本抽象的东西有一个感性、直观的认识。类比可以开阔视野，说理能够启发心智。

运用类比喻理时，必须是两类事物具备同类属性，其"理"也必须是相通的，这样才能启发人，说服人。

比喻说理，轻松幽默，浅显易懂，感人至深，但是比喻要恰当方能说理精辟，设喻类比则要以能旁征博引，举一反三为佳。

反问手法——只问不答，反诘进攻

反问是一种用问号做武器的修辞方法，就是用疑问的形式表达某种确定的意思，只问不答，因为答案很明显不需要回答。它能够把确定的意思表达得更鲜明更强烈。

反诘进攻，往往能比正面提问更有力量，更能表达爱憎之情，更具有强烈的批判和讽刺的作用。很多时候，还可以用反诘转守为攻，造成心理上的优势和咄咄逼人的气势，置对方于被动的地位。

反诘进攻的具体表现形式很多，下面从不同角度介绍几种。

1. 肯定式反诘

在一次亚洲大专学生辩论会决赛时，正方发言中有这样一段话："如果发展旅游业是弊多于利的话，那么，为

幽默的艺术

什么许多国家和地区,包括参加这次辩论赛的中国、新加坡、香港地区和澳门地区都在发展旅游业呢?难道这些国家和地区那么多的领导人都是愚不可及的吗?"最后一句话就是反问,肯定了正方"发展旅游业是利大于弊"的观点。

2. 否定式反诘

否定式反诘即用反问的形式,否定对方的观点。

在隋代成书的一部作品《启颜录》中有下面这样一则典型的幽默式否定反诘的故事。

隋朝时,有一个人生性聪慧,但有个天生的不足——口吃。越国公杨素经常与他聊天,拿他寻开心。

某年腊月,杨素与这人在府中闲坐。杨素戏问道:"有这么一个大坑,深一丈,方圆也是一丈,假如把您放在里面,您可有什么办法出来?"这人低头想了好长时间,忽然抬起头来问道:"坑……坑里有……有梯子吗?"杨素说:"当然无梯啦,若有梯子,还用问您吗?"这人又低头想了好长时间,问道:"白……白……白……白天?还是夜……夜……夜……夜……夜里?"杨素不耐烦地说:"管什么白天黑夜?我问您可有法子出来?"这人反问道:"若不是在……在夜晚,眼睛又……又不瞎,为何掉入……入坑里?"杨素听了,大笑不止。

杨素又问他:"假如我突然命您做一军官,守一小城,您手下的兵士不过千人,粮食也仅够吃几天,城外有数万敌军包围。您作为城中主帅,可有什么守城之计?"这人低头良久,问道:"有……有援……援兵吗?"杨素答道:"正因为没有援兵,所以才问您呢!"这人又沉吟很久,抬头对杨素说:"诚……诚如君言,失败难免。"杨素又大笑不止。

接着,杨素又问道:"看来您多智多能,我提的问题没有能难住您的。现在再问您一事,今天家中有人被蛇咬了脚,您说应该怎么医治呢?"这人应声回答:"取五月五日南墙下雪……雪……涂……涂即……即治。"杨素问:"五月哪里能有雪?"这人笑着反问道:"既然五月没……没有雪……雪,那么……么腊月何处有蛇咬?"

此人用反问的形式幽默地否定兼回答了杨素的无聊问题。试想,杨素听了他的回答之后,除了尴尬地一笑,还能怎么样呢?想必这件事之后杨素再也不敢拿这个人当小丑了。

3. 步步逼问式

步步逼问式不仅要求能说,而且要求会听,能够抓住机会提出各种问题向对手进行连环式反击,令对方无招架之力而步步败退,从而一举赢得胜利。在西方法庭上,律师与对方被告人或证人置辩时,这种方式是很常见的。

4. 诱发反问式

诱发式提问是有意识地通过提问来使对方落入自己设计的圈套,从而迫使对方承认或否认某种言行,达到己方目的。这是西方法庭上的律师经常运用的一种手段,为肯定自己的观点,诱导性地提问,让对方紧紧围绕自己的论题思考,再以反问的形式肯定自己的观点,也可以迫使对

幽默的艺术

方不得不接受自己的观点。好莱坞男演员基努·里维斯的代表作《魔鬼代言人》中便有很多此类例子，另外，在吉姆·凯瑞的《大话王》一片中，更是把幽默与律师的诱发式反问结合得淋漓尽致。

比拟修辞——幽默将讽刺进行到底

比拟是把物拟作人或把人拟作物的一种修辞方法。运用比拟可以使事物色彩鲜明，表意丰富，应用到说话中，可以起到幽默讽刺的效果。

1. 比拟的分类

（1）形象物拟人式

形象物拟人式就是把物比作人。即为了论点的需要，选用较形象的物体，将其赋予人的动作、行为或思想感情。在说话中恰当地运用以物拟人的方式，可以表现出强烈的爱憎感情，取得幽默的效果。

一次，意大利诗人但丁出席威尼斯执政官举行的宴会。席间，听差们捧给意大利各城邦使节的是一条条肥大的煎鱼，而给但丁的却是几条很小的鱼。

面对这种公然的歧视行为，但丁深为气愤，但没有因此而发作。他若有所思，用手把盘里的小鱼逐条拿起，靠近耳朵，然后又一一放回盘中，循环往复多次。执政官见状，感到莫名其妙，便走上前来和他搭话。

执政官:"先生,您是在听鱼说话?"

但丁:"几年前,我的一位挚友在海上旅行时不幸逝世,举行了海葬。从那以后,我一直不知道他的遗体是否已安然葬入海底。因此,我就挨个问这些小鱼儿,也许它们多少知道一些情况。"

执政官:"那么,它们对你都说了些什么呢?"

但丁:"它们对我说,它们都很幼小,对过去的事情了解很少,不过,如果我向同桌的大鱼们打听一下,肯定会了解到想要知道的情况。"

这位执政官听了但丁的话,很快明白了他的言外之意,连忙向但丁道歉并命令听差马上端上来一条又肥又大的煎鱼。

（2）形象人拟物式

形象人拟物实质上就是物拟人的翻版,亦即将原来有生命有人性的类拟成无生命无人性的。形象人拟物平常很少被人使用,即使在针锋相对时,能找到以人拟物者也是万般不易。不过,人拟物确实不失为一种很有风趣意味的修辞,能起到很好的渲染效果。尤其是在驳论中,可以达到一语而制敌的效果。

（3）形象物物相拟式

形象比拟还有一种方法,就是物物相拟式。这种方法通常也叫类比。在说话交谈中,物与物的类比经常被人使用,由此物比及彼物。用形象的类比取代抽象的说理,寓意深远,能让人产生联想,同样也可以将对手逼入困境。

幽默的艺术

形象比拟离不开幽默。幽默的物物相拟可以调节气氛，同时又能使对手因此而气馁并失去战斗力。在不同场合中巧妙地运用比拟法，可以鲜明地表达说话者的观点和立场，使交谈有一种令人荡气回肠的感觉。

2. 比拟的应用

比拟的妙用，往往在人们轻松的掌声、愉快的笑声中显示出其难以匹敌的魅力。用这种方法不但可以起到良好的雄辩效果，同时也大大增强了说话者的信心。

运用比拟法进行辩论应注意如下三个要点。

第一，拟物与被拟物之间要有相关的逻辑联系，这样才能让听者由此产生联想。

第二，要注意适度，不能出格，以免造成人身攻击的不良后果。

第三，要扣紧说话的目的，不要只凭想当然去刻意渲染气氛或卖弄自己的幽默。

比拟幽默法不仅可以给人带来愉悦，而且可以用来下逐客令。

阿登纳总理刚走出办公室，在花园的小道上小憩，这时为丈夫说情的科隆博塔夫人来了。阿登纳不愿见，但她喋喋不休地要总理回办公室去谈。

"有什么说的，坦率地讲吧。"阿登纳有些不快。

这时不知从哪里飞来一只苍蝇，嗡嗡乱飞，科隆博塔夫人叫道："总理阁下，这里有苍蝇。"

"没关系，它老是在我身边。"

"它老是在我身边",明指苍蝇,暗拟喋喋不休的科隆博塔夫人,幽默而又巧妙。

在不受欢迎的客人造访或有事急于脱身的时候直接下逐客令是一件令人为难的事。阿登纳比较聪明,巧借"苍蝇"将自己的意思表达出来。

比拟法也可以用来抨击时事。

以语言犀利、锋芒毕露见长的英国生物学家赫胥黎,在演讲中,用比拟法抨击了当时的社会对科学的不公正的态度。他说:"科学这位'灰姑娘'天天生火,打扫房间,而到头来,人们给她的报酬,则是把她叫作贱货,说她只关心低级的物质的利益。"他60岁那年,辞去了英国皇家学会会长的职务。他在辞职仪式上说道:"理智和良心向我指出,我已经无法完成这个会长职位的重大任务,所以我一分钟也不能干下去了。"说完上述话后,他又不无诙谐地对他的朋友们说:"我宣读完了我去世的官方讣告。"

赫胥黎以拟人化的幽默,将教会和势力习惯排挤科学研究的丑恶面目揭示得淋漓尽致,因而具有震撼人心的力量。

拟人运用——别具特色,幽默动人

小王的家里有一只鹦鹉,非常聪明,说起话来特别流利,惹人喜爱。

谁知时隔不久,小王的好友小张发现小王家的鹦鹉不见了,很是奇怪,便问道:"你家那只鹦鹉哪去了?"

小王长叹一声,无限惆怅地说:"别提了,死了。"

小张大吃一惊:"那么聪明的鹦鹉你怎么还把它给养死了?"

小王无奈地说:"还不是我太太,她一无聊就跟鹦鹉比说话,结果把鹦鹉给活活累死了。"

鹦鹉只是学舌,这里则把鹦鹉当作了一个喋喋不休的"人"来看待。虽然表面上是在说鹦鹉,其实讽刺的是王太太过于啰唆。这就是拟人手法在幽默口才实际应用中的典型例子。

在幽默口才的表达中,拟人这种手段具有非常广阔的使用空间,也是一种被广泛运用的修辞手法。把拟人运用于幽默中的时候,与在一般情况下的运用也有非常大的差别。在平时的生活中,我们为了让语言显得更为生动活泼,就特意把没有人类特征的植物和动物当作人来看待,赋予它们人类才有的感情和思想,来更好地表达我们所要说的意思。

某地动物园的长颈鹿园总是发生长颈鹿"越狱"事件,饲养员经常在第二天早上看到几只长颈鹿在笼子外面的草地上悠闲地散步。园领导对此很是诧异。经过开会研究,他们一致认为是笼子的栅栏过低所导致的,于是一致决定把栅栏由2米加高到5米。

次日清早，饲养员又发现长颈鹿们漫步在栅栏之外，于是动物园领导决定把栅栏加到10米高。

第三天，动物园把栅栏加到了15米……

栅栏外散步的小长颈鹿看到工人们忙得不亦乐乎，便问一头年长的长颈鹿："您说，什么时候他们才不会继续增高栅栏呢？"

老长颈鹿不紧不慢地说："那就要看什么时候他们不会忘了把门锁上了。"

人类的自以为是、认为自己是世界主宰的想法总是会被当作笑话来进行讽刺。上面一则笑话使用了拟人的手法，让人类的愚蠢从动物口中说出来，更使得这种讽刺入木三分。

在文学创作中，作家们常用拟人的修辞手法把事物人格化，在他们的生花妙笔下，世间万物都具有灵性，拥有智慧，让人读来，仿佛可悟到那份大自然本身就具有的亲切、和谐之感，童趣与幽默跃然而出。

著名作家欧·亨利在《警察与赞美诗》这篇小说中写有这样一段话："枯叶是杰克·弗洛斯特（霜冻的拟人化称呼）的名片，杰克对麦迪生广场的老住户非常客气，总要在每年光临之前，先打个招呼，在十字街头把名片递给住在'露天公寓'的门公佬——北风，好让房客们有所准备。"

如果用一般的手法来对冬天的景色进行描写，恐怕就是"寒风刺骨""霜降雪飞"之类的词了。不能说这种描写是错误的，而是说这样的描写总是缺少一种灵性，而且

幽默的艺术

是被人们惯用的,读来似曾相识,产生不了浓厚的兴趣。而欧·亨利运用拟人的手法写作之后,使文章既显得格外生动、贴切,又产生了一份幽默感。

灵活运用好拟人这种修辞手段,对于幽默口才的艺术来说是一个更重要的环节。掌握了这门技巧,相信能够让我们拥有一种别具特色的幽默感,从而为自己的社交开拓出更平坦的通天大道。

双关运用——明里说一,暗里说二

双关是指在一定的语言环境中,利用词的意义或同音条件,有意识地使语句具有双重意义,起到"言在此而意在彼"的效果。它分为谐音双关和语音双关。

在针锋相对、气氛热烈甚至略带一点火药味的情况下,面对对方凌厉的语言攻势,可以采用"明里说一,暗里说二"的方法,把深刻的道理寓于发人深省的比喻、回味无穷的幽默当中。这样既能保持自身风度,又可以置对方于无可挽回的败地。

从前,有个县官带着随员骑马到王庄处理公务。走到一个岔道口,不知道朝哪个方向走才对。正巧一个老农扛着锄头走来,县官在马上大声问老农:"喂,老头,到王庄怎么走?"

那老农头也不回,只顾赶路。

县官大声吼道:"喂!"

老农停下来说:"我没有时间回答你,我要去李庄看件稀奇事。"

"什么稀奇事?"县官问。

"李庄有头牛下了匹马。"

"真的?牛怎么会下马呢?"县官百思不解。

老农认真答道:"世上的稀奇事多着哩,我怎么知道那畜生不下马呢?"

老农借字面的"畜生",斥责连做人常礼都不懂的县官。这是一种明言此、暗言彼,"指桑骂槐"的双关讽刺手法。

双关技巧的应用是很普遍的,历来就为人们所重视。如在《红楼梦》里,就有许多地方应用到了双关技巧。

第四十六回中,鸳鸯与她嫂子之间有段对话:

鸳鸯道:"什么话,你说吧。"

她嫂子笑道:"你跟我来,到那里我告诉你,横竖有好话儿。"

鸳鸯明知她是为给贾赦说亲这件"喜事"而来,于是,使用双关手法骂道:"什么好话,宋徽宗的鹰,赵子昂的马都是好画。什么'喜事'!状元痘儿灌的浆儿又满是喜事。"

这是一种谐音双关的技巧,显出言语的犀利,锋芒毕露,锐不可当。

以上都是双关技巧的运用。有的是语意双关,有的是谐音双关。不论是哪一种,只要运用得当,我们不但能

够增加言语谈话的力度，使语言这一武器更具威力，而且能够有效地控制住谈话或辩论的气氛，要紧就紧，要松则松，牢牢把握主动权。

双关的运用具有模仿性、类比性、幽默性，故而在实践中运用这一手法时，要注意以下几个问题。

1. 高雅纯正

在使用这一手法时，要坚持文明表达，以理服人的原则。格调高尚文雅，内容纯净正派，切忌粗俗低级。泼妇骂街式的所谓"双关"丑陋不堪，虽有可能在交流中占到上风，但这种做法实为人所不齿。

2. 隐藏幽默

这是双关技巧的要点。含而不露，幽默横生，是运用这种手法的基本要求。如果忽视这一点，就会失去风趣、讥讽和辩论的力量。幽默好比软鞭子，抽在身上，皮肤不留痕迹，但可以伤及人骨，刺入对方心里，使其言辞混乱，穷于应付，甚至还有可能使对方陷入自相矛盾而不能自拔的尴尬境地。所以，寓幽默于双关，寓驳于笑，是双关成功的秘诀之一。

3. 切中要害

我们不仅要善于捕捉对方的隐衷、企图，更要善于发现对方的破绽、矛盾，切中要害，置之于乱处，使之张口结舌，无言以对。同时要充分发挥联想、模拟的作用，加大发挥力度。

4. 沉着冷静

以静制动。对于对方挑衅性的言辞或咄咄逼人的气势我们既不能被其吓倒,也不可以用同样气势摆出一副与之对骂的架势来。"不要同疯子争吵,否则人们会分不清谁是疯子",始终保持良好的举止修养,彬彬有礼却寸步不让,和风细雨却伤人于无形。所以在使用这一技巧时,也要巧妙地把自己想要表达的道理寓于其中,才能使自己的话更有说服力,更富战斗性。

夸张技巧——夸大的幽默真给力

夸张是为了达到某种表达需要,对事物的形象、特征、作用、程度等方面有意夸大或缩小的修辞结构。

"霜皮溜雨四十围,黛色参天二千尺。"这是唐代大诗人杜甫《古柏行》里形容古柏高大的诗句。这两句诗曾引起一场笔墨官司。《梦溪笔谈》的作者沈括说:"四十围直径只有七尺,此树高达二千尺,不是显得太细长了吗?"《沼溪渔隐丛话》的作者引黄朝英的话说:"古制圆周与直径的关系式三比一,四十围就是一百二十尺,直径即四十尺,此树虽然高达二千尺,也不算细长了。"

这两个人说的似乎都很有道理,但是进行这样的计算似乎过于拘泥了。杜甫是在进行文学创作,是运用夸张手法写古柏的气势。"四十围""二千尺"都是虚数,并非实指。

夸张是为了表情达意的需要,故意言过其实,对客观的人、事、物做夸大或缩小的描述。它的内核是表情达意,它的外貌是言过其实。和比喻一样,一般的夸张说法

幽默的艺术

已为人们普遍接受,逐渐化入人们的日常言谈之中,再也没有最初的刺激力了。

我们平时说的"烦死人了"就是典型的夸张。这是程度上的夸张,因为烦人要到"死"的地步,岂不是夸张地形容烦得厉害?再如,"忙了一天""干了一辈子""尾巴翘到天上去了",以及"天翻地覆""绕梁三日"等,都运用了夸张的手法。但正由于用得多了,人们便不觉得那是夸张了。

正如比喻要求创新,夸张也要求创新。比喻创新的路子是拉大本体与喻体的距离;夸张,尤其是作为幽默机智的夸张,就是要把它推向极度,所以这里称为极度夸张。

一群人围住一个小男孩,只见他蜷缩在地,痛苦地呻吟着。原来他吞了一枚10英镑的金币到肚子里。围观的人眼看孩子痛得不行了,都急得不知如何处理。这时,从人群中走出一位先生,来到小孩的身边,抓住小孩的腿,把他倒提起来,猛力地摇晃几下,只听"呼"的一声,那枚金币从孩子的嘴里喷了出来,围观的人舒了一口气。

一位旁观者问那位先生:"你是医生吗?"

"不!"那人回答,"我在税务局工作。"

此幽默令人捧腹,把税务局抠钱的本领夸张得无以复加。夸张不仅应用于较和平的场合,在剑拔弩张的场合同样不可缺少。比如,那些毫无根据、又极具挑衅的提问总是会激起人们的反感,这个时候我们就应该善用夸大的幽默来回驳他人的挑衅。

夸张应用到说话中往往能起到讽刺的效果。正因为其有夸大的成分也就制造了幽默。所以，应用夸张手法往往能起到一般语言起不到的作用。

类比幽默——违反常规，耐人寻味

生活是和谐统一的，但在内容与形式、愿望与结果、理论与实际等方面会产生强烈的不协调，于是形成了不和谐的对比，这种强烈的反差必然产生幽默、可笑的情趣。类比是根据两种事物在某些属性上的相同，而且已知其中一种事物还有其他属性，从而推知另一种事物也可能具有相同的其他属性的一种修辞手法。在口语表达中恰当运用类比，可以起到扭转逆境、轻巧取胜且不失幽默的效果。

类比幽默法是指把两种或两种以上互不相干甚至是完全相反的、彼此之间没有联系的事物放在一起对照比较，使其显得不伦不类，以揭示其差异之处，即不协调因素。

在类比幽默中，对比双方的差异越明显，对比的时机和媒介选择越恰当，所造成的不协调感觉就越强烈，对方对类比双方差异性的领会就越深刻，所造成的幽默意境也就越耐人寻味。

人们的日常生活和科学研究一样，凡分类都是约定俗成，用同一标准。否则，必然造成概念的混乱，导致思维无法深入进行。人们从小就被训练掌握这种最起码的思维

幽默的艺术

技巧。比如,猪、牛、羊、桃就不能并列在一起,人们会把桃删去,这是科学道理,但并不幽默。

在类比分类时要产生幽默的趣味恰恰要破坏这种科学的逻辑规律,对事物加以不伦不类的并列。

赵阿婆的女儿吵着要买嫁妆,赵阿婆气恼地说:"死丫头,你的婚事也不和我商量,东西我不买!"

母女大吵起来,引得许多邻居来看。

邻居陈伯站出来说:"你不能怪她没和你商量啊!"

赵阿婆问:"为什么?"

"你当年成亲时不是也没和女儿商量吗?"陈伯反问道。

赵阿婆一时语塞。女儿却高兴起来,陈伯又转身对姑娘说:"你妈不给你买是不对,可你妈出嫁时,你给她买了吗?人要彼此一样才好呀。"

把母亲成亲和女儿商量与母亲成亲女儿买嫁妆并列到一起,都是不可能的事,意思完全相反,差异巨大,但说明了母女二人争吵的理由,是都没有为对方着想。因此,经陈伯如此点化,母女二人心服口服。

可见,因类比幽默法具有简便的特征,常为人们所使用。

星期六,一位年轻人照常进城卖鸡蛋。他问常打交道的城里中间商:"今天鸡蛋多少钱一个?"

中间商简单地回答:"两美分。"

"一个才两美分!这真是太便宜了!"

"是啊，我们中间商昨天开了个会，决定一个鸡蛋的价格不能高于两美分。"

年轻人艰难地摇摇头，很无奈，但也只好将蛋卖掉，回去了。

第二个星期六，这个年轻人照例进城，见到的还是上次那个中间商。中间商看了看鸡蛋，说："这个星期你的鸡蛋太小了。"

"是啊，"年轻人说，"我们的母鸡昨天开了一个大会，他们做出决定，因为两美分实在太少，所以就不能使劲下大蛋了。"

一个是人开会，一个是鸡开会，并列一比，妙趣横生。

类比幽默的幽默感是"比"出来的，其情趣也是"比"出来的。这样就有利于对方从心理上接受。

巧用重复——异曲中谱写同工之妙

100多年前，伯格森就提出"重复也是一种幽默手段"的说法。我们这里说的重复，指的主要是语言的重复，而不存在于思想和行动中。重复可以有文字的重复，语音的重复和句型、句式的重复。这种重复方式在幽默中的运用，能够让我们的幽默锦上添花。

首先来说说幽默中文字重复的运用。下面是一个家喻户晓的故事。

幽默的艺术

一次,郑板桥在山中游览,看到一座寺庙,便想到里面歇歇脚。远远的,住持见他走来,看他穿着朴素,不知道他就是大名鼎鼎的郑板桥,于是随便指着一个木凳说:"坐!"同时转头对小和尚说:"茶!"老和尚和来人简单地聊了几句之后,发现他谈吐不凡,不像是一个一般人。于是便客气地把他请到了上房说:"请坐!"又吩咐小和尚:"敬茶!"最后当得知来人就是郑板桥的时候,老和尚觉得自己有所怠慢,便慌忙把郑板桥领进客厅,作揖道:"请上坐!"唤来小和尚,告知他:"敬香茶!"郑板桥要道别的时候,住持请他作副对联。郑板桥莞尔一笑,挥笔写下这样一副对联:

坐,请坐,请上坐;

茶,敬茶,敬香茶。

住持看到他写的这副对联,明白了其中的讽刺,一时羞愧难当,满脸涨得通红。

郑板桥只是把住持说的话对仗写下来,精炼地将前后不同的待遇对比刻画出来,便让老和尚因为自己以貌取人的做法而惭愧不已。此对联体现出了郑板桥的幽默。上句出现三个"坐",下句出现三个"茶",巧妙地运用文字重复,在上下联的对仗中,通过递进式的方式,"坐"和"茶"的三种变化,便讽刺了住持以貌取人的可笑。

有一则讽刺某些领导的幽默是这样的:

上午讲正气,下午看手气,晚上卖力气。

在这则讽刺中,"气"字重复了三次,三种"气"的程度越来越浅,表示"每况愈下"的三种不同的状况,轻松地便嘲讽了某些"日理万机"的领导,其实他们的生活是多么的腐败不堪。此幽默同样运用了重复的手段而表达出差别所在。

我们再看一下句型重复的妙用。

某次招聘会上,一个大学生到某单位应聘,单位主管让他做自我介绍,于是他不假思索地就开始说了:"大一的时候,我差一点儿就考了第一名。大二的时候,我差一点儿就当选学生会主席。大三的时候,我差一点儿就提前毕业……""不要说了,不要说了。"老板打断了他,"大四的时候,我差一点儿就录用了你。"

这个幽默一共重复了四次"差一点儿",尤其是最后老板借用了学生重复说的"差一点儿",便以相似的措辞委婉地拒绝了这个没头没脑的应聘者。

传统相声名段《卖布头》有这样几句吆喝词:

(这白布)买到您家里就做被里去吧,它是经洗又经晒,经铺又经盖,经拉又经拽,经蹬又经踹。

听完这个吆喝,不禁让人拍手叫绝,不得不叹服老北京人的那种幽默风趣的创造能力。这则吆喝,有句型上的重复,有文字上的重复,有语音上的重复。正是有了这三种意义上的重复,读起来顺口、通俗,能让人们轻松地就记住了。

纯粹的重复不足以制造幽默,只有多重技巧的共同运用,

幽默的艺术

才可以构造幽默。重复意味着"同",不同意味着"异"。重复之所以能构造幽默,根本原因是这"同""异"的不一致,即它的重复是多重的,而这多重本身,其实就是一种"不同"。

转换幽默——由此转彼,趣味调节

转换是打破特定语言情境的一致性,故意将不同语境中的词语转移套用,由此转彼,造成语言表达上的严重不谐调,从而产生幽默感的一种修辞手法。

总之,口语表达中所构成幽默的表现手法很多。幽默表现手法的技巧和智慧直接体现着口语表达水平的高低。越富有幽默感,口语表达的效果也就越理想。我们不论用哪种形式和方法都要注意自然,注意幽默产生的客观效果。

一味地说俏皮话,无限制的幽默,其结果反而会不幽默。譬如,把一个笑话反复地讲了三遍、五遍,起初人家还以为你很风趣,到后来听厌了之后,便不会有什么兴趣了。说笑也要注意,有时也会使人不高兴,尤其是说得不恰得其时其地的时候。譬如,大家聚精会神在研究一个问题,某人忽然在这里插进一句全无关系的笑话进去,人们不但不会发笑,也许还会给他白眼。

最危险的幽默是取笑他人的幽默。如果幽默中含着批评意味、带着恶意的攻击,挖苦别人丑陋的事情,这些话还是不说为妙。请一定避免下面的话题:宗教、人种、身体缺陷、种族、外表等。例如，一个人问："为什么人们会在我只说了两三句话之后便不喜欢我呢？"另一个回答说："因为这样节约时间。"这样很滑稽，但是却充满恶意，而恶意通常也是笑话不应起到的效果。

幽默是生活的调料，是人类智慧的火花，是属于艺术性的口语。它能用生动形象、鲜明活泼、委婉、含蓄、风趣、机敏、确切的口头语言，使每个人都可以友善地提出自己对现实问题的见解，让人们在愉快的情境中，欢乐的笑声中接受表达者的观点。

转换幽默的调节方法主要包括以下几种。

1.幽默语言调节法

幽默语言对情绪有重要的影响，当你悲伤、愤怒、焦虑不安时，可以朗读幽默的诗句，或颇有哲理性的格言，如"留得青山在，不怕没柴烧""比上不足，比下有余""难得糊涂"，或用"制怒""忍""冷静"等字句来自我提醒、自我安慰，以调节自己的情绪。

2.变通思维转换

医学专家把焦虑、抑郁、愤怒、恐惧、沮丧、悲伤、痛苦、紧张等不良情绪叫作负面情绪。负面情绪若超过人体生理活动所能调节的范围，就可能与其他内外因素交织在一起，引发多种疾病。从下面的故事来看，变通的幽默是消除负面情绪以保持良好人际关系、保持身心健康的重要手段。

明朝开国皇帝朱元璋喜爱钓鱼。一天，他命才子解缙和自己一起到御花园钓鱼，解缙一连钓了好几条，而朱元

幽默的艺术

璋的鱼竿毫无动静,他不禁面带怒色。

解缙眉头一皱,笑着对皇上说:"启奏万岁,那小小的鱼儿是个非常机灵、识礼的小东西。"朱元璋一时不解其意,解缙稍加思索,吟道:"数尺丝纶落水中,金钩抛去永无踪。凡鱼不敢朝天子,万岁君王只钓龙。"一听此诗,朱元璋转怒为喜。

如果想消除负面情绪,最根本的方法就是思维方式的调整,即变通思维方式,也就是我们平时所说的换一个角度看问题。正所谓"塞翁失马,焉知祸福"。人世间的好事与坏事都不是绝对的,在一定的条件下,坏事可以引出好的结果,好事也可能会引出坏的结果。

巧用反语——将错就错,以讹反讹

无论是在日常生活还是工作中,我们都离不开幽默的谈吐,它在人际交往中可以发挥很大的作用。

幽默的语言具有愉悦美感的作用。幽默大师萧伯纳在街上被一骑自行车的人撞倒了,肇事者吓得不得了,连忙向萧翁道歉,萧翁却对他说:"先生,你比我更不幸,要是你再加点劲,那就成为撞死萧伯纳的好汉而名垂史册啦!"

反语是指所说的道理或所举的事例全是和真理明显相违背的一种修辞手法。这种手法贵在故意送明显的悖谬给对方，使对方在明显的悖谬中省悟到自己的错误，因此而改变错误的主意。

清朝的康熙是一个颇有文化素养的皇帝。据说他在一次出游中，因一翰林学士把路旁一尊名曰"翁仲"的石人像说成"仲翁"，回宫之后，就此写了一首反语打油诗："翁仲如何读仲翁，想必当年少夫功。从今不得为林翰，贬尔江南做判通。"

此诗妙在将错就错，以讹反讹。翰林学士把"翁仲"读作"仲翁"，他就在诗中故意把"功夫""翰林""通判"三词统统来个颠倒，用这一连串的反语奚落戏弄，十分辛辣，而且语言机智俏皮，幽默风趣，读来可笑而又让人感到有一种含蓄之美。

此外，幽默还具有批评、教益的作用。

反语批评在特殊的场合或特殊的人物面前如果运用得好，常常能收到意想不到的效果。这种手法无论对什么性格的人都适用，就连残虐无比的秦始皇，也能被优旃的反语批评所说服。

无独有偶，古代君王都好玩乐，而他们身边总是有那些懂得以"赞"促"改"的贤臣才子对其加以劝谏。

景公爱喝酒，连喝七天七夜不停止。

大臣弦章上谏说："君王已经连喝七天七夜了，请您以国事为重，赶快戒酒，否则就请先赐我死。"

幽默的艺术

晏子后来觐见齐景公,齐景公便向他诉苦说:"弦章劝我戒酒,要不然就赐死他;我如果听他的话,以后恐怕就尝不到喝酒的乐趣了;不听的话,他又不想活,这可怎么办才好?"

晏子听了便说:"弦章遇到您这样宽厚的国君,真是幸运啊!如果遇到夏桀、殷纣王,不是早就没命了吗?"

于是齐景公果真戒酒了。

吃喝玩乐似乎乃君王的天性,倘若直言劝谏,告诉他那是大错特错,有多少坏处,恐怕他很难听进去,反而会大发雷霆。晏子这种以"赞"促"改"的反语批评起到了良好的说服效果。

对于一些有自知之明的人来说,根本用不着太严厉的批评,采用这种正话反说的批评方式最好不过了。

反语的幽默修辞主要在以下几种情况运用。

第一,遭遇尴尬,用反语可以为他人解围,达到气氛的和谐状态。

第二,遭遇刁难与讽刺的时候,反语可以顺势而为,将错就错,将对方的讥讽给予反击。

第三,当想要顺利实现劝谏的时候,直言或许会有损于对方的面子,反语则以最有力的说服给予对方深刻的批评与教益。

第二篇
决战社交,幽默就是必杀技

第一章
借助幽默，打造超强个人魅力

深化记忆：幽默说出自己名字

在初次见面经常遇到需要做自我介绍的情况，而在向陌生人做自我介绍时，许多人在介绍名字这方面却做得不太好，只是简单地报出自己的姓名："我姓×，叫××。"自以为介绍已经完成，然而这样的介绍肯定算不上有技巧，也许只过了三五分钟，别人已经把他的姓名忘得一干二净，这样也就无法给别人留下深刻的第一印象。

幽默则是记忆淡化的克星，幽默的谈吐、幽默的睿智能够让他人牢记你的名字，长时间记住你的气质、风度与涵养。

因此，在社交场合，一个幽默的自我介绍如同一次令人印象深刻的广告。幽默的自我介绍，可以让他人在最短的时间内对你留下最深刻的印象，为进一步的交往打下良好的基础。一段幽默的自我介绍，首先应该从介绍自己的名字开始。一个人的姓名，往往拥有丰富的文化积淀，或折射凝重的史实，或反映时代的乐章，或寄寓双亲对子女的殷切厚望。因此，推衍姓名的幽默能令人对你印象深刻，有时也会令人动情。

为了强化你在社交中的特色与潜能，特此列举出以下几种对姓名的幽默介绍法。

1. 利用名人式幽默

在新生见面会上，代玉做自我介绍时，风趣地说："大家都很熟悉《红楼梦》里多愁善感的林黛玉吧，那么就请记住我，我是新时代的黛玉叫代玉，我是黛玉的反版，因为我天生快乐。"

利用和名人的名字相近的方式来幽默介绍自己的名字时，关键要注意所选的名人一定要是大家所熟悉的，否则就收不到最终的幽默效果。

2. 自嘲式幽默

刘美丽介绍自己时说："不知道父母为何给我取美丽这个名字。我没有标准的身高，也没有苗条的身材，更没有漂亮的脸蛋，这大概是父母希望我虽然外表不美丽，但不要放弃对一切美丽事物的追求吧！"

刘美丽幽默、乐观的自我介绍引起了人们的开怀一笑与敬佩，她以一种幽默的姿态向人们显示了自己积极的人生观与价值观，敢于正视自己的不美丽，反而让她变得更加有魅力。

3. 自夸式幽默

李小华很懂得幽默自夸，他在介绍自己时经常这样说："我叫李小华，木子李，大小的小，中华的华。都是几个没有任何偏旁的最简单的字，就如我本人，简简单

幽默的艺术

单、快快乐乐。但简单不等于没有追求,相反,我是一个有理想并且执着的人,在追求理想的路上我快乐地生活着。"

李小华幽默的自夸中,并没有真正蓄意表现自己的狂妄,相反,他在自夸的同时是为了向大家显示自己的亲和。幽默的智慧正是在于此,幽默让伟大显得谦逊,让谦逊变得伟大。

4. 利用谐音式幽默

朱伟慧在一次自我介绍中曾经这样幽默说:"我的名字读起来像'居委会',正因为如此,大家尽可以把我当成居委会,有困难的时候来反映反映,本居委会力争为大家解决。"听到这样的介绍,大家忍俊不禁。

大家笑不是因为朱伟慧的名字不仅起得趣味十足,更是在于她将自己的名字介绍得幽默地道。

5. 姓名来源式幽默

陈子健幽默自白道:"我还未出生的时候,名字就在我父亲的心目中了。据说他很喜欢这样一句古语'天行健,君子以自强不息',于是毫不犹豫地给我取了这个名字,同时希望我像君子一样自强不息。没办法,父母之命不敢不从,何况刚出生的我还没有力气来修改自己的名字呢!"

以自己的名字来源作为噱头,幽默且不失明确的表达,于趣味中留给他人生动,于豁达中留给他人快乐。

6. 调换词序式幽默

周非在自我介绍的时候,就经常调换词序,他这样跟人家介绍说:"把'非洲'倒过来读就是我的名字——周非。所以请知道非洲的你们也同样明白我的存在。"

周非的自我介绍简单、幽默，充满个性。如果你的名字在顺序打乱后也是一个能够被大家熟知的事物，那么不妨从熟悉下手引导出自己的精彩介绍，这时候，想不要他人记住你都是一件比较难的事情吧。

7. 摘引式幽默

任丽群同学可谓摘引式幽默的高手，她经常让陌生人过目不忘的原因不在于她外表的独特，而是在于她幽默的生活姿态。她在自我介绍中幽默道："大家都知道'鹤立（丽）鸡群'这个成语，我是人（任），更希望出类拔萃，所以，我叫任丽群。"

这种幽默、风趣的自我介绍，想不要引起他人的注意都很难。总之，自我介绍有很大的发挥空间，我们应该想方设法把它丰富起来，不要放过任何一个吸引人注意的机会。

幽默说出你的名字，将自己的名字与大家熟知的"笑点""笑料"巧妙地联系在一起，在介绍自己名字的同时，不经意地牵引着他人去想象、去发笑。

因此，幽默地说出你的名字，你将会是交际场上永远受人欢迎的一只优雅的翩翩起舞的蝴蝶，尽显自己气度的恢宏与乐观的本质。

初次见面：幽默加深第一印象

在社交场合，赢得他人好感的重要因素来自第一次见面的印象。在这个讲求效率的时代，初次见面的印象显得

幽默的艺术

尤为重要。心理学上说的"首因效应",在这个时代已经成了金科玉律。也就是说,你留给别人的第一印象,很大程度上会影响这个人对你的看法。幽默作为陌生人之间最经济的见面礼,却具有最强大的震慑力。从容、淡定的幽默会给他人留下平和的记忆与友善的印象。

之所以提倡运用幽默加深第一印象,是因为第一印象是你在与人初次接触时给对方留下的形象特征。第一印象在人际交往中所具备的定式效应有很大的稳定性,一个人留给他人的第一印象就像深刻的烙印,很难改变。每个人都具有对他人构成第一印象的幽默能力。

心理学家研究发现,第一印象的形成是非常短暂的,有人认为是在见面的前40秒钟形成的,甚至有人认为只有2秒钟。在现实生活中,有时这几秒钟就可以决定一个人的命运。因为在生活节奏如同飞快奔驰的列车的现代社会,很少有人会愿意花更多时间去了解一个留给他不美好的第一印象的人。

在社交中,陌生人之间的幽默占有很大的比例,毕竟在这个社会上,与熟悉的人在一起的时间总是有限的,而社会交际的根本就是要接触更多的陌生人,将更多的陌生人转化为自己的朋友,进而为自己的事业、人生开拓出一片光明的坦途。

有一次,漫画家方成到山西汾酒厂进行参观,与该厂厂方负责人初次见面的时候,厂方负责人就欢喜地说道:"方先生,久闻大名啊!欢迎你的到来,真是让我们厂蓬莘生辉啊！"

方成听后则幽默地说道："可我是大闻酒名啊！"

方成先生巧妙地将厂方负责人的"久闻大名"调换了位置，变成了"大闻酒名"，运用谐音的幽默技巧，将"久"与"酒"进行了巧妙的联想与对接。幽默中表达了自己的谦和以及真诚的一面，又对对方的好酒进行了评论与赞美，可谓是妙语双绝，是初次见面幽默的上品。

有人曾经说过这样一句话，所谓城市的生活就是几百万人在一起所感受到的寂寞。毕竟几百万人的城市中，有接近几百万的人与你是陌生人，每一天我们都会在有意无意中遇到初次见面的机会。这个时候，不要让自己板起的面孔吓走将来的朋友。哪怕不是朋友，也请时刻用幽默来包装自己的心灵，毕竟幽默的人带给大家的不只是欢笑，更有内心的充实与豁达。

如果你是一个有幽默感的人，就不要吝啬把幽默放在第一次见面上。第一印象只有一次，无法重来。所以，有人打趣地说："第一印象犹如童贞，一旦失去，便永不再来。"难怪英国著名形象设计师罗伯特·庞德曾说："这是一个两分钟的世界，你只有一分钟展示给人们你是谁，另一分钟是让他们喜欢你。"所以在与陌生人交往的过程中，你一定要好好抓住两分钟的印象效应时间，保持微笑，一句开朗而有活力的玩笑，会拉近两人的距离感。比如，"你好，你长得好温顺啊，像小绵羊。"

总之，形象是社交的第一印象，语言又是形象的代言

幽默的艺术

人。在与人交往中，要学会说出漂亮的幽默语言，给人一种积极向上的乐观印象，这样有利于自己被人喜欢，开阔自己的社交圈子。

因此，你的幽默语言必须符合以下几点。

第一，如果你不想成为同行的笑柄的话，你的说话表达必须合体。

第二，如果你不想让同行或客户鄙视的话，你的幽默必须庄重。

第三，如果你不想让人看出你的性格或爱好的话，你的语言必须保守、得体。

出乎意料：幽默应"话"而生

现代社会是一个发展迅速、竞争激烈、优胜劣汰的社会，不少人有社交的强烈愿望，却喜欢把自己封闭起来。其实，与人交往我们也主张有颗幽默的"笑"心，要懂得给自己身边的人带去真诚的欢乐。如果我们互相戒备，见面只说"三分话"，这谈不上是正常的交往。正如谢觉哉同志在一首诗中写道："行经万里身犹健，历尽千艰胆未寒。可有尘瑕须拂拭，敞开心扉给人看。"幽默则是敞开心扉给人看的一把最有效的钥匙。

幽默的沟通之所以不同于一般的沟通，很大程度上体现在语言的技巧性上。它来自思维的奇巧，借助于特定的语汇、语气、表情甚至姿态。幽默语言功夫的练就主要是从幽默的创造性入手。幽默之所以能让他人印象深刻、大笑不止，就在于幽默的出乎意料于情理之中。也就是说幽默的人往往联想的跨度大，但又能将话语说得巧妙、合理。

钢琴家波奇一次在美国密歇根州的福林特城演奏，发现全场有一半座位空着，他很失望。演出完毕，他还是大步走到台前，向听众表示谢意，并对听众说："朋友们，我发现福林特这个城市的人都很有钱，我看到你们每个人都买了两三个座位的票。"于是，这半屋子听众放声大笑，使劲鼓掌。

波奇的设想令人惊奇，他的结论令人会意。当大家发现表演场只坐了一半人的时候，大家或许会为波奇觉得尴尬，然而波奇的话语却完全颠覆了大家的顾虑，他用极其幽默的话语，出乎意料地表达出了自己对来宾的欢迎，以及对空座位太多的豁然。他不仅使自己摆脱了困境，而且更赢得了听众的尊重。

在众目睽睽之下，被人泼了冷水并不一定就是丢掉了面子。其实每一个人都有面子、都讲求自尊，然而你最珍贵的面子在于自身的生活态度以及人格魅力。

哲学家的妻子是一位脾气暴躁的女人。

有一天，哲学家正和他的学生谈论学术问题，他的妻子突然跑了进来，不由分说大骂他一通，接着又提起装满水的水桶向他猛泼过来，把哲学家全身都弄湿了。

 幽默的艺术

学生们以为老师一定会大怒,然而出乎意料,他只是笑了笑,风趣地说道:

"我知道打雷之后,一定会下雨了。"

大家听了,不禁哈哈大笑,他的妻子也惭愧地退了出去。

哲学家的幽默,首先就在于出乎人们意料之外,谁也想不到他会将妻子的大骂比作了雷声,而将妻子泼给自己的冷水比喻成雨水,一句"我知道打雷之后,一定会下雨了"顿时将尴尬的境况扭转。学生们不会再去注意自己的老师有多丢脸,而是欣赏自己的老师居然拥有如此大的气度。

哲学家的比喻,可谓出乎意料,却又实在是合乎情理、妙不可言,因而会使人们忍不住大笑起来。显然,我们在前面所说的幽默的各种作用,都收到了效果。人们会感到这位哲学家温厚可亲、有强烈的感染力,值得他人尊重。

出乎意料,是幽默的最基本的特质,带给人们的往往是耳目一新的喜悦感。出乎意料的幽默语言是魅力的光环,是达观气质的表现,懂得运用出乎意料来给他人增添快乐,是驰骋于社交场合的必胜法宝。

玩笑自嘲:用谦逊赢得影响力

人们总抱怨说幽默很难,其实幽默很容易,只要你学会嘲讽自己,你天天都是幽默的。开个玩笑自嘲一下,没

有人会笑你傻，真正傻的人是不懂自嘲的"聪明人"。

如果我们有风趣的思维，我们就可以充满自信地面对自己的缺点，比如不尽如人意的身高，或者不够漂亮的脸蛋，或者是不够完满的工作环境与生活状态。换一种角度看待自己正在经历的一切，乐观地享受此刻的不快，不久之后，我们就会发现豁然开朗的另一片天地。因此，不妨试着在顺境的时候自嘲一番，在逆境的时候也自我幽默一把，相信好的运气将要来临。

幽默的生活心态总是能够给我们带来新的视角，总是能够让我们用一颗平常心应对生活中的苦与乐。玩笑自嘲，作为一种谦逊而又豁达的力量，让我们在与人分享欢乐的同时，能享受到一种温暖和谐的人际关系。

自嘲是自己对自己幽默，是消除自己在社交场合、与人沟通中胆怯的良方。自嘲是运用戏谑的语言，向别人暴露自身的缺点、缺陷与不幸，说得俗一些，就是把脸上的灰指给对方看。俗话说得好，"醉翁之意不在酒"。自嘲同样是这个道理，自嘲在社交活动中有着独到的表达功能以及实用价值。

长篇小说《围城》出版，《谈艺录》与《管锥编》问世以后，钱锺书的名声日盛，求访者愈来愈多，钱锺书又有不愿意接受访问的脾气。有一天，一个英国女人打电话给他，要求拜访，钱锺书在电话里不无幽默地说："如果你吃了一个鸡蛋感觉很好，又何必认识那只下蛋的母鸡呢？"

幽默的艺术

钱锺书自比"母鸡",虽然是有意贬低自己,却是在说英国女人没有必要来拜访他。正如人们喜欢谈论一些关于别人的笑话一样,在适当的时候,要拿自己开开玩笑,要善于自嘲。

一个懂得自嘲幽默的人必定是一个社交高手,是一个在与人交往中能够独守个性与乐观的魅力人格的人。自嘲可以巧妙地把陷自己于不利的因素,用一种荒诞的逻辑歪曲成有利因素,让自己从困境中解脱出来。

著名主持人杨澜在主持一台文艺晚会时,忽然摔倒在台阶下面,顿时观众哗然。只见杨澜不慌不忙地站起身,微笑着对大家说:"怎么样?我这个狮子滚绣球节目还不错吧?只是不太熟练。台下节目不太好,但台上的节目更精彩……"

就这样,杨澜把自己的摔倒顺水推舟解释为台下的节目"狮子滚绣球",并很快把观众的注意力转移到台上,因为"台上的节目更精彩"。杨澜随机应变,妙语解困,赢得了观众热烈的掌声。置身于难堪境地时,如果刻意掩饰自己的失误,反而会欲盖弥彰,弄巧成拙,使自己越发尴尬。而以漫不经心、自我解嘲的口吻说几句取悦于人的话,则可以活跃气氛,消除尴尬,还显得自己心胸豁达。

自嘲可以使人们在笑的同时,把你的窘态忘得一干二净。所以,巧用自嘲,既可以使你在众人中平添风采,又能在幽默、风趣、令人愉悦的情况下,取得皆大欢喜的结果。

世界上最不幸的就是那些既缺乏机智又不诚恳的人。很多人常常自以为很幽默，经常喜欢拿别人开玩笑，处处表现出小聪明，但结果却让与他交往的人不敢再信任他，以前的朋友也敬而远之，纷纷躲避。

适当地拿自己开开玩笑吧，这不仅是一种机智，更是驱散忧虑、走向成功的法宝。

尊严幽默：翩翩风度征服人心

社交需要幽默的口才与智慧，更需要用力维护好自己的尊严。由此可见，尊严幽默的重要性不言自明。俗话说，"人活一张脸，树活一张皮"。一个人的自尊是最宝贵，也是最脆弱的。因此，很多幽默高手在批评别人时，都会选择一种委婉、含蓄的方式，而不是不看场合、直言直语、大批一通。因为这样会令对方难堪至极，不但达不到批评教育的目的，日后对方也会对此心生忌讳。聪明的幽默人总是在发现对方的不足时，想办法找个机会私底下向他透露，而且批评也较为含蓄，他会将批评隐藏在玩笑中，这样就能让对方很容易地接受建议了。

所以，尊重别人，在私底下指出其缺点，既尊重了别人，也会赢得别人对你的尊重。

乌克兰诗人塔·格·谢甫琴科，于1814年生于一个农奴之家。他后来虽然赎了身，却因为写了许多革命诗歌，被

幽默的艺术

流放到奥伦堡草原。他为人幽默而倔强，尤为傲视权贵。谢甫琴科喜欢随渔民去划船，捕鱼后就到小店去闲坐。

有一次，他在小店遇见一位权贵，此人和他聊了一会儿。分别时，他向谢甫琴科伸出手来，却只给了1个指头，说："当我向地位相等的人表示敬意时，我伸出双手；比我低一级的人，我伸出4个指头；再低一点的是3个指头；更低一点的是两个指头；对其他一切人则是1个指头。"

谢甫琴科幽默地笑道："我是个农民，没有官位，怎么办呢？先生，我给你半个指头吧。"说罢，他将拇指夹在食指与中指之间，露出半个指头，向权贵伸出手去。

谢甫琴科面对尊严的挑战，没有正面表现出愤慨，反而以相对温和的语言幽默地讽刺了自傲的权贵，用自己伸出的半个指头蔑视了权贵的蛮横。尊严幽默是一种防卫的软实力，能幽默缓和地表达出一种强硬。

爱默生曾经说过，当我们真正感到困惑、受伤、甚至痛苦时，我们会从柔弱中产生力量，唤起不可预知很有威力的愤慨之情。人立命于世，首先要自尊自重。在社交中如果我们遭到歧视，绝不低头，在强大的势力面前不卑不亢，这样才会赢得别人的敬重。尊重是一种征服。

美国前首相威尔逊在一次竞选演讲中，遭到一个捣乱分子的挑衅。演讲正在进行，捣乱分子突然高声喊叫："狗屁！垃圾！臭大粪！"这个人的意思很明显，是骂威尔逊的演讲不值得一听。威尔逊对此感到非常生气，但只是微微一笑，安慰他说："这位先生，我马上就要谈到你提出的环境脏乱差的问题了。"随之，听众中爆发出掌声、笑声，为威尔逊的机智幽默喝彩。

威尔逊面对他人在公众瞩目之下的谩骂，没有动怒，更没有做出任何的反驳，他幽默的冷静，不仅保全了自己的风度，更猛烈地反击了捣乱分子的不敬言辞。因为他已经用自己的实际行动回复了捣乱分子的无理取闹——一个在如此谩骂声中都能够泰然处之的人，怎会与"垃圾"混为一谈？

自尊之心，人皆有之。人们一旦开始社交，无论他的地位、职务多高，成就多大，无不关心外界对自己的评价。由于来自外界评价的性质、强度和方式不同，在社交场合上，无论是举止或是言语都应尊重他人，切忌以别人的隐私、过失、缺陷等"伤疤"为笑料，当众揭丑，换取无聊的笑声，自己寻开心。这种拿人取乐式的玩笑，不是好口才的表现，违背了幽默的本质。它虽然能表现你的"机智"，却让受伤害的人烦恼并对你产生怨恨，严重地影响了人际关系。

淡定一笑：多点雅量面对嘲笑

面对他人的嘲笑，一定要有胸襟、雅量，能够幽默地面对他人的嘲笑则是一种境界，同时也是一种做人的智

幽默的艺术

慧。幽默,所体现的正是大度的气量与乐观的生活姿态。幽默不仅让我们感受到了快乐的力量,而且能够让我们体会到人性的豁达与包容。

在社交中,受到他人的称赞与尊重固然是值得高兴与欣慰的事情,但毕竟一个人的言行举止不可能满足各种人士的"口味"。因此,人在"江湖"难免会受到一部分人尊重的同时,也受到另一部分人的嘲笑。当遇到他人的嘲笑时,不妨多点幽默的雅量来面对。

因此,幽默的社交不仅是让他人听到你的幽默口才,更重要的是能让他人感受到你幽默的内心与宽容的生活态度。

曾任美国总统的福特在大学里是一名橄榄球运动员,体质非常好,所以他在62岁入主白宫时,仍然非常挺拔结实。当了总统以后,他仍继续滑雪、打高尔夫球和网球,而且擅长这几项运动。

在1975年5月,他到奥地利访问,当飞机抵达萨尔茨堡,他走下舷梯时,他的皮鞋碰到一个隆起的地方,脚一滑就跌倒在跑道上。他站起来,没有受伤,但让他惊讶的是,记者们竟把他这次跌倒当成一项大新闻,大肆渲染起来。在同一天里,他又在丽希丹宫被雨淋滑了的长梯上滑倒,险些跌下来。随即一个说法散播开了:福特总统笨手笨脚,行动不灵敏。自此以后,福特每次跌跤或撞伤头部或跌倒在雪地上,记者们总是添油加醋地把消息向全世界报道。后来,竟然反过来,他不跌跤也变成新闻了。哥伦比亚广播公司曾这样报道说:"我一直在等待着总统撞伤头部,或者扭伤胫骨,或者受点轻伤之类的来以此吸引读者。"记者们如此的渲染似乎想给人一种印象:福特总统是个行动笨拙的人。电视节目主持人还在电视中和福特总统开玩笑,喜剧演员切维·蔡斯甚至在"星期六现场直播"节目里模仿总统滑倒和跌跤的动作。

福特的新闻秘书朗·聂森对此提出抗议,他对记者们说:"总统是健康而且优雅的,他可以说是我们能记得起的总统中身体最为健壮的一位。"

"我是一个活动家,"福特幽默道,"活动家比任何人都容易跌跤。"

他对别人的玩笑总是一笑了之。1976年3月,他还在华盛顿广播电视记者协会年会上和切维·蔡斯同台表演过。节目开始,蔡斯先出场。当乐队奏起"向总统致敬"的乐曲时,他被绊了一脚,跌倒在歌舞厅的地板上,从一端滑到另一端,头部撞到讲台上。此时,每个到场的观众都捧腹大笑,福特也跟着笑了。

当轮到福特出场时,蔡斯站了起来,佯装被餐桌布缠住了,弄得碟子和银餐具纷纷落地。蔡斯装出要把演讲稿放在乐队指挥台上,但一不留心,稿纸掉了,撒得满地都是。众人哄堂大笑,福特却满不在乎地说道:"蔡斯先生,你是个非常、非常滑稽的演员。"

面对嘲笑,最忌讳的做法是勃然大怒,大骂一通,其结果只会让嘲笑之声越来越大。要让嘲笑自然平息,最好

幽默的艺术

的办法是运用幽默的姿态一笑了之。一个有幽默感的人，会有风度、有气概地接受一切为难与嘲笑。伟大的心灵多是海底之下的暗流，唯有小丑式的人物，才会像一只烦人的青蛙一样，整天聒噪不休！

这再次证明了幽默具有比搞笑更出色的影响力，幽默是尴尬与拘谨的克星，幽默让一个有涵养的人懂得用雅量去面对他人的嘲笑。

在社交过程中，以讥讽应对嘲笑，只会降低自己的品格。多点雅量面对嘲笑，是对自己的自信，对他人的包容，是淡定从容积淀出来的优雅。有了雅量的人生，就是充满受人尊敬、赞扬与幽默的一生。

第二章

化窘解难，幽默的力量最强大

因势利导的幽默，最能出奇制胜

美国前总统威尔逊在担任新泽西州州长时，曾接到华盛顿的电话，通知他代表新泽西州的议员去世了。威尔逊深为震动，立即取消了自己当天的一切活动。几分钟后，他接到了新泽西州一位政治家的电话。"州长，"那人支支吾吾地说，"我希望代替那位议员的位置。""好吧，"威尔逊慢吞吞地说，"要是殡仪馆同意，我本人完全赞同。"

很明显，那位政治家想要代替的"位置"是政治地位。威尔逊不可能不知道，他故意充愣装傻，把打电话的政治家所要代替的"位置"，利用语言的歧义说成是"死人躺着的地方"，给那位想钻空子的政治家有力的嘲弄。

装傻充愣是答非所问的一种，即回答别人问题时，利用语言的歧义性和模糊性，故意错解对方的说话，问东

幽默的艺术

答西。这种说话方式在回答对方的问题时,往往能出奇制胜,产生特别的幽默感。

此外,因势利导式的幽默也是生活中能出奇制胜的巧妙方法。

英国大文豪萧伯纳的剧本《武器与人》首次公演即获得巨大成功。观众们要求萧伯纳上台接受群众的祝贺。当萧伯纳走上舞台,准备向观众致意时,突然有人对他大声喊叫:"萧伯纳,你的剧本糟透了,谁要看?收回去,停演吧!"观众们大都以为萧伯纳肯定会气得发抖。哪知道,萧伯纳非但不生气,还笑容满面地向那个人深深地鞠了一躬,很有礼貌地说:"我的朋友,你说得很好,我完全同意你的意见。"说着,他转向台下的观众说:"遗憾的是,你我两人反对这么多观众能起到什么作用呢?你我能禁止这个剧本演出吗?"萧伯纳话音刚落,全场就响起了一阵快乐的笑声,紧接着是观众对萧伯纳暴风骤雨般的掌声。那个挑衅者灰溜溜地逃出了剧场。

面对挑衅者的污蔑,萧伯纳要是一味退让,未免有失面子,若与之争辩,非但无济于事,还会在观众心中留下孤芳自赏、自命不凡的坏印象。萧伯纳此时充分展示了其应变才能,巧用因势利导的招数,凭借观众对他的信任与支持,给予他的掌声和喝彩,把挑衅者推向群众的对立面,使其孤立无援,狼狈而逃。

在一些论争场合里，应该时刻注意周围群众的情绪，尽量调动群众来支持自己的观点，巧妙地使出"因势利导，诱敌深入"的招数，寻找出一个突破口，借助群众的力量，给对手精神重压，使之无回击之力。

摆脱两难问题的幽默法术

"两难"问题就是不论你回答"是"或"否"都可能给你带来麻烦的问题。回答这类问题最需要用心，最需要幽默而机智的口才技巧。

为了更加形象地说明回答"两难"问题的方式以及相应的作用，接下来主要用案例来说明，让大家能够在案例中具体体会到如何做才能让"两难"问题在幽默对策中迎刃而解。

1.回避难题可以找出他人的漏洞

在清朝末期的一次科举考试中，有一位考生的试卷做得甚是糟糕，当考官阅卷到最后的时候，居然发现这样一句话："我乃李鸿章大人之亲妻。"这位考生在故意拉关系的时候，却误将"亲戚"写成了"亲妻"，实在可笑。

阅卷老师正好从考生的马脚出发，批语道："断不敢娶！"

上文中的"断不敢娶"有两种意思，表面上在指既然

幽默的艺术

是李鸿章大人的亲戚,当然不敢娶了,实质上是在说明对于这样的考生是不会同意录取的,阅卷老师将错就错,轻松解决了一个两难问题。如果这位考生真的是李鸿章大人的亲戚,也不能怪罪到阅卷考官的头上,是考生错字在先;如果这位考生是在无理取闹,那不予录取也理所应当。

当我们面对两难问题,既不能肯定也不能否定的情况下,那就拿他人的漏洞开刀,表明自己的无能为力。这是一种幽默的机智与变通,是一种保全自己的良方。

2. 正式场合遭遇两难,朦胧幽默为自己解围

顾维钧担任美国公使的时候,有一天参加各国使节团的国际舞会。和他共舞的美国小姐忽然问:"请问,您喜欢中国小姐,还是美国小姐?"

这个问题很难回答,如果说喜欢中国小姐,就得罪了共舞的美国小姐;如果说喜欢美国小姐,那又是违心之论,并且有贬低中国小姐的嫌疑。顾维钧幽默地笑着说:"不管是中国小姐还是美国小姐,只要是喜欢我的人,我都喜欢。"

针对美国小姐提出的两难问题,无论选择哪一个答案都会让顾维钧遭受到他人的质疑。令人欣慰的是,顾维钧没有直接做出选择,而是运用朦胧语言"只要是喜欢我的人,我都喜欢",不仅给那位美国小姐留了情面,也为自己保全了气度。

丢掉面子时，学会幽默挽回

无论在家庭还是事业中，给别人保留面子，也是为自己留余地。对中国人来说，面子实际上等于脸面。做事不讲脸面就没有进行下去的必要。于是，面子问题一直是业务洽谈、与人交往中的重要课题。

但是，当不小心触及他人的颜面问题，或者自己的面子遭受嘲笑的时候，应该怎样正确应对呢？答案是，不要硬对硬，要懂得巧妙地运用幽默语言，挽回颜面。

著名的剧作家萧伯纳个子长得很高，但瘦削得似一片芦苇叶，而切斯特顿既高大又壮实。他们两人站在一起对比特别鲜明。有一次，萧伯纳想拿切斯特顿的肥胖开玩笑，便对他说："要是我有你那么胖，我就会去上吊。"切斯特顿笑了笑说："要是我想去上吊，准用你做上吊的绳子。"

切斯特顿这一巧妙的揶揄，既让萧伯纳觉悟到自己的失言，又让自己的智慧在人前闪光。按照字典的解释，揶揄是一种嘲笑。而艺术地"揶揄"应当说是一种运用语言的技巧。

丹麦童话作家安徒生有一次在大街上行走的时候，突然遭遇了他人的嘲笑，但是安徒生的幽默应答却让奚落他的人自惭形秽。

幽默的艺术

由于安徒生平时生活很简朴,常常戴着破旧的帽子在街上行走。

突然有个行路人嘲笑他:"你脑袋上边的那个玩意儿是什么?能算是帽子吗?"

安徒生幽默地回敬道:"你帽子下边的那个玩意儿是什么?能算是脑袋吗?"

安徒生巧妙地以其人之道还治其人之身,将同样的讽刺还击给了那个行路人,讽刺性虽然很强,表达却间接诙谐,顾虑到了行路人的面子。

幽默灵感的爆发,幽默的妙答常常使你在濒临危境的时候柳暗花明,享受到绝处逢生的喜悦。生活中,如果突然遇到了尴尬有失体面的小事,不妨幽默一把。

宋朝大文学家石曼卿,人称"石学士"。一日酒后他乘马车去报国寺游玩,突然马受惊乱跑,石曼卿从马上摔了下来。只见石曼卿站起来,拍拍身上尘土,拿起马鞭,然后风趣地对围观者说:"幸亏我是'石'学士,要是'瓦'学士,一定要摔破了。"

石学士把自己的姓,巧妙地做了另外一种解释,为后人称道。

以上我们介绍的这几种挽回面子的幽默技巧,并不是孤立的、对立的,而是相通的。语言是一门综合艺术,照本宣科式的教条运用不会有好的交际效果。每一句幽默机智的语言的背后都体现着一个人深厚的文化素养、高雅的气质和风度。

举止失当，巧用幽默来补救

懂幽默的人会时刻驾驭自己的思维，让自己的脑子因地因时地转弯。"人有失足，马有乱蹄"，在现实生活中，即使辩才如张仪，也难免会陷入词不达意的尴尬，更不用说偶尔头脑发昏，举止失当，做出莫名其妙的蠢事的一般人了。虽然造成举止失当的行为的原因不同，但后果却相似，贻笑大方或引起纠纷，有时甚至一发而不可收。这种时候，你就得让脑子转个弯儿，巧用幽默思维以化解纠纷。

美国国务卿基辛格是一位成功的外交家。一次，他接受意大利女记者法拉奇的采访，说起自己成功的外交施政时，竟夸口说道："美国人崇尚只身闯荡的西部牛仔，而单枪匹马向来是我的作风，或者说是我技能的一部分。"此番话一经报纸发表，马上引起轩然大波，连一贯赞赏基辛格的人们也不满于他好大喜功的轻率言论。然而，基辛格不但沉住了气，还主动接受采访并借此机会幽默声明："当初接见法拉奇是我平生最愚蠢的一件事，她曲解了我的话，拿我来做文章罢了。"

幽默的艺术

基、法两人的话,究竟谁真谁假,一下子就使外人丈二和尚摸不着头脑了。这便是一种转移别人注意力的幽默方法。它可以减轻失误的严重性,但在一般情况下,应用此法应该谨慎,因为它实际上是诿过于人,不到万不得已最好少用,以免损失声誉,失去他人的信任。

从前,有一个云游天下的僧人,很有智慧。一次,他来到一个地方,听说前方有一户人家,从来不许人借宿,他决定去借宿一夜。

天黑下来以后,这个游僧就走进了这户人家。这时,他突然变成了一个"聋人"。在互相致意之后,主人急忙给他烧了茶,招待他吃了饭,然后打着手势对他说:"吃了饭早点动身吧,我们家里是不能过夜的。"

游僧佯装不懂,只是瞪大眼睛看。主人用手指指门,再次请他出去。

"好,好。"游僧好像懂了。一边说着,一边大步走到门外,把包裹拖了进来,放在西北角的柜子前。

主人又做了一个背上包裹快走的手势。游僧立即跳了起来,举起包裹放在柜子上面,嘴上说:"这倒也是,里面可全是经书啊!"

主人又反复比画,要他走,他却点点头,说:"没有小孩好,不会乱拿东西。我把两根木棍插在包裹的粗绳上了。"人家说东,他就说西,弄得主人哭笑不得,最后没法,只得留他过了一夜。

很多情况下，如果据理力争不成功，运用反向思维，用装聋作哑去化解异议，用缄默法转移话题，让他人无法推辞，从而达到自己的目标。

有句俗语说，一半是真，一半是假。"借口"永远是有的，就看你如何去发现，怎样去利用。时常让自己的思维转个弯，借助幽默的精髓补救失言的无奈。这应验了中国的一句古谚语："塞翁失马，焉知非福。"将自己说过的"错话"添文加字，让意思改变，是幽默改口的另一个招数；抑或者将自己的意愿通过另一种语言方式委婉地表达出来，就会更加容易被人接受。

但是，需要注意的是用幽默补救言语失误或举止失当，应视场合而采取不同手段。灵活运用，方能百战百胜。如果拘泥于形式，只会雪上加霜。以上所介绍的只是变通情况下应采取的幽默应对之法，希望对读者有所帮助。

因此，当你发现自己不小心说错话了的时候，不妨让脑子转弯，变换一种说话习惯，将失言解释出趣味，那么这个时候的你已经成为谈话中的"常胜将军"了。

幽默道歉，谅解不请自来

几乎对所有人来说，道歉都不是一件很轻松的事情，道歉会让大家感觉到难为情。如果做错了事情，就要请求他人的原谅。道歉也是一门很有学问的艺术。学会幽默，道歉也会变得容易，变得没有我们想象中的那么难以启

幽默的艺术

齿。试着幽默地表达自己的歉意，这不仅不会让我们觉得没有"面子"，还可以很好地化解难题。

夫妻之间，发生争吵犹如家常便饭。这不，老孙又跟妻子吵架了，他们相互赌气，一连好几天都互不理睬。老孙就想，自己作为男子汉大丈夫，和老婆计较显得太不大度。于是，他想了一个办法，让他们夫妻轻轻松松地便和好如初了。

这天晚上，在睡觉之前，老孙在床头上的桌子放了一张字条，上面写着："孩子他妈，明天，请在早上6点钟叫醒我，我有急事需要处理。孩子他爸。"

第二天早上，老孙一觉醒来，却发现已经7点了，当时他就想，妻子没有叫醒我，难道她还没有原谅我的意思？正要生气，却看到床头柜上有张字条，上面写着："孩子他爸，快醒醒，快醒醒，已经6点整了。孩子他妈。"看到这个条子，老孙再也气不起来了，不禁笑出声来。拿着这张字条跑到妻子面前，没想到妻子也笑了。

直白的道歉可以有立竿见影的效果，幽默含蓄的道歉方式同样可以赢得对方的欣赏和认同。老孙和妻子之间这种无声的道歉方式实在是高明。以幽默的情景喜剧来代替干瘪乏味的语言，解决了日常生活中的分歧，最后皆大欢喜。

马先生在外忙着做生意，所以经常会忘记太太的生日。他太太为此跟他有过好几次不愉快，所以马先生向太太保证说以后一定记得她的生日，会给她庆祝。但是，不巧的是，他太太今年的生日，他又忘掉了。生日过了3天他才想起来。虽然如此，他还是给老婆买了一个精美的礼物，然后送到他太太的面前，说："亲爱的老婆大人，你的样子真是太年轻了，我都没能反应过来你又长了1岁。这也难怪我记不得你的生日。"本来马太太还一直对这件事情耿耿于怀，但是，看到老公为自己选了礼物，并且还说了一句这么贴心的话，就没有了脾气，也原谅了老公。

马先生在弥补自己的错误、给太太道歉的同时，幽默地说是因为自己的老婆看起来依旧那么年轻，所以自己没有察觉到老婆已经老了1岁，因而忘记她的生日。马先生如此巧妙幽默地借机称赞太太年轻貌美，这样的道歉，即使是太太再生气也会无力拒绝。

如果你正为自己做错了事而苦心烦恼，想着要如何向对方道歉的话，那就尝试着施展一下自己的幽默魅力吧！因为，幽默是一种人生的态度，是一道精神的出口，是一杯生活的美酒。

如此说来，对掌握幽默本事的人来说，道歉并不是一件难事。所谓世上无难事，只怕幽默人。懂得用幽默道歉，可以让自己的精神世界变得丰富多彩起来，进而带动自己在客观世界中的快乐，相信没有人会忍心拒绝这种诚挚与快乐的致歉方式。

第三章
当众演讲，幽默就是吸引力

幽默的演讲，要有一个趣味开场白

演讲是一个信息传播和反馈的过程。开头传播得不顺利，会极大影响反馈的质量。而如果有一个精彩开头，也就获得了先机，把传播和反馈的管道一下打通了，其意义不言而喻。

文化大师启功先生在一次演讲中做自我介绍时这样说道："刚才你们老师给我封了许多头衔，我实在是不敢当。我们家的祖先原来生活在东北，是满族，古代叫作胡人。所以我今天所讲都是'胡说'，同学们不必太过认真。"

这个轻松的开场幽默引得大家笑出声来，说者和听者的距离一下子就拉近了。无独有偶。据说胡适先生在北大任教之时，也曾经在自我介绍时用幽默来增加"课堂情趣"。给新生上课时，他把孔子学说称作"孔说"，孟子学说称作"孟说",他自己的学说称作"胡说",同学们在笑声中感受到了这位大师的谦和。第一印象给人的影响都非常大。一般我们对一个人的第一印象会形成心理定式,保持很长时间,所以在双方初次认识时的自我介绍十分重要。那么自我介绍应该采用什么方式呢?幽默地进行自我介绍无疑是比较好的方式。如果能够巧而不俗地来点幽默,会立即拉近自己和听者之间的距离。

1990年中央电视台邀请中国台湾影视艺术家凌峰先生参加春节联欢晚会。当时,许多观众对他还很陌生,可是他说完那妙不可言的自我介绍后,一下子就被观众认同并受到了热烈欢迎。

他说:"在下凌峰,我和文章不同。虽然我们都获得过'金钟奖'和最佳男歌星称号,但我以长相难看而出名……一般来说,女观众对我的印象不太好,她们认为我是人比黄花瘦,脸比煤炭黑,但我很温柔。"

这一番话戏而不谑,妙趣横生,令观众捧腹大笑。这种自我介绍给人们留下了非常坦诚、风趣、幽默的良好印象,凌峰的名字因此传遍祖国大地。借助幽默的方法,凌峰缓解了现场有点压抑的气氛,拉近了与观众的距离,给全国观众留下了非常深刻的印象。自我介绍时的幽默需要刻意设计吗?如果有可能还是设计一下,因为脱口而出的幽默很难把握好度。而刻意设计的幽默则在拉近相互距离的同时,还能起到其他作用。

幽默的艺术

　　有一位年轻人新晋当上了董事长。上任第一天,他召集公司职员开会。他自我介绍说:"我是刘强,是你们的董事长。"然后打趣道,"我生来就是个领导人物,因为我是公司前董事长的儿子。"

　　参加会议的人都笑了,他用幽默的口吻和反语的修辞手法来证明他能以公正的态度看待自己的地位,并对此有着充满人情味的理解。实际上他是采取这种方式来委婉地表示:正因为如此,我更要跟你们一起好好地干,让你们改变对我的看法,相信我是靠自己的努力坐上董事长的位置的。

　　演讲开始的时候,采用幽默的方式进行自我介绍是一种能很快拉近与别人距离的说话方式,但必须用得巧才行,不然弄巧成拙,就会大煞风景。一位从台湾来的主持人应邀出席一次晚会,为了说明自己年龄比较大,在自我介绍时对年轻的女主持人说"我以前给你换尿布的时候……"他自以为达到了幽默的目的,却只见女主持人勉强挤出笑容的脸上红一阵白一阵的。对于这样的幽默没有人会心甘情愿接受。当说笑涉及个人隐私或者太过虚构的时候,幽默已经失去了原有的意义。

巧用肢体配合,增强演讲的幽默效果

　　在受欢迎的幽默演讲中,需要有肢体的配合,才能巧妙地营造热烈的演讲氛围。在幽默演讲中主要运用到的肢体语言是手势语言。手势是人们幽默演讲态势的主要形式。借助手势说话的关键在于"助",它既不同于烘托语,可以代替讲话,又不同于演节目,可以用手势演出情节。

手势语言是运用手指、手掌和手臂的动作变化来表情达意的一种无声语言,是一种具有很强表现力的势态语言。它应用广泛、使用便捷、自由灵活、变化形态多样,不仅能辅助自然有声语言,有时甚至还可以用手势代替自然有声语言。正因为如此,有人将手势语言称为"口语表达的第二语言",也正因为如此,巧妙的手势语言会让幽默的演讲者更受欢迎。

手势语言主要有两大作用,一能表示形象,二能表达感情。许多幽默演讲家的手势语独显其妙。

在一次会议中,卓别林一直在用手拍着围绕他头部飞来飞去的苍蝇。后来,他找到一把苍蝇拍,拍了几次,都没有拍着。最后,一只苍蝇停留在他的面前,卓别林拿起拍子,准备狠狠地一击。突然,他不拍了,眼睛盯住那只苍蝇。

有人问他:"你为什么不打死这只苍蝇呀?"

他耸耸肩膀说:"它不是刚才侵犯我的那只苍蝇!"引得哄堂大笑。

幽默大师终归是幽默大师,一只令人厌恶的苍蝇,从卓别林的嘴里说出来,竟然成了令人喷饭的笑料,实在

幽默的艺术

是令人敬佩。想想看，如果接下来不是有幽默成分的那句话，而是暴躁、气急败坏的举动和咒骂，卓别林在场上的"超级幽默"也就只是作秀了，人们对他的印象也会大打折扣。当然，也别忘了卓别林的肢体幽默，如果没有他在演讲会上的拍苍蝇举动，那么他的话语只能让人莫名其妙了。手势幽默的巧妙运用是比说话更有效的表达方式。手势幽默，通常应配合自然有声语言有选择地使用，但也有一些手势语言可以单独使用，它同样表达了丰富的情感意蕴。

手势幽默运用得是否恰当自然，直接关系到幽默口才表达主体的形象。在演讲中，手势有助于吸引听众的注意力，丰富谈话的内容，对讲话者的影响很大。幽默的手势语言可以提升观众的注意力。在大家的注视之下，演讲者往往能够得到极大鼓励，如有神助似的讲出许多精彩的语言，调动观众的胃口。此情此景不言自明，巧用手势幽默能让演讲妙趣横生。

需要注意的是，在演讲中的手势幽默运用要与演讲内容相符合，不要滥用幽默手势，否则只会引起观众的反感。

讲一个笑话，演讲立即变得很幽默

著名学者胡正荣说过："我讲课或者演讲的时候，看到下面的人精力不集中甚至要睡着了，就讲一个笑话，他们马上就精神起来了。一会儿又不行了,再讲一个笑话,又精神了。这是一个很好的办法,大家不妨都用一下。"

演讲时,如果语言过于平实,表述生硬,听众的注意力就会渐渐开始转移。人们会向屋顶、窗外望去,不停地看表,但就是不看你。甚至听众们已经睡着了,或是半昏睡状态,对你所讲的内容一片茫然。这时,你需要做一些立即能奏效的事情,将听众从这些状态中拉回来。那么最好的方法就是讲个笑话,幽默一下。可以说,幽默的笑话语言,是演讲必不可少的调料。运用了这样的幽默方法,就可以更好地表达演讲者的观点并凝聚听众的注意力。

在演讲中使用笑话的另一个好处是能够缓解紧张气氛。一个恰当的笑话能够有效地打破僵冷的气氛,营造友好的氛围。幽默能够使你的演讲定位在积极的基调上,有助于形成轻松的气氛,促进演讲过程中的思想交流。

恰当地使用笑话能够建立与听众之间的和谐关系。但是在实际情况下,很多演讲者适得其反,因为他们使用了令人反感的笑话。对于演讲者来说,使用带有伤害性的笑话会对你的形象造成不良影响,降低听众对你的信任度。幽默应该是演讲者与听众之间的桥梁,而不应该是被你用来伤害听众的感情"毒药"。英国文学家古卜林在演讲中就非常注重气氛的调节,总不忘在自己的演讲中说点玩笑话来逗引听众大笑。

他说:"诸位,我年轻的时候,住在印度。我常常替一家报社采访社会新闻,这份工作是非常有趣的,因为它

幽默的艺术

可以使我有机会去认识一些伪造货币、盗窃、杀人以及这一类富有冒险精神的有才干的人。（听众大笑）在我采访到他们被审判的情形后，我还要到监狱里去，拜望一下我们那些正在受罪的朋友。（听众又发出笑声）我记得，有一位因为杀人而被判无期徒刑的人，是一位绝顶聪明而善于说话的青年人。他告诉我一段在他看来是他一生最重要的话：'我觉得一个人如果一失足跌入罪恶的深渊里，他一定会从此为非作歹不止，最后他竟以为只有把他人都挤到邪路上去，才能表现自己的正直。'（听众大笑）这句话真是妙不可言！（听众的笑声和鼓掌声同时响起）"

演讲中的笑话并不是去一味追求一种赢得听众一时发笑的直观效果，那种哗众取宠、无聊打诨的低级取笑是演讲的大忌。演讲中的幽默感应是演讲者情操和人格的外化，是思想、学识、智慧和灵感在语言运用中的结晶，是一瞬间闪现的光彩夺目的火花，让听众听来能陶冶情操，健全人格。

千万别把滑稽与幽默混为一谈

很多研究表明，在演讲中运用幽默是有益处的。最重要的一点是听众喜欢具有幽默感的演讲者。也许听众不会自动将演讲者的话视为真理，但是他们会更乐意接受演讲者所传达的信息。

将幽默巧妙地融入演讲中，能把听众的注意力吸引到主要观点上。社会学研究表明：人们对于融入笑话或者逸事中的信息的记忆时间要长于对于纯粹信息的记忆时间。许多演说家追求的理想境界是将观点融入一个笑话中，当听众记住这个笑话并将它讲给别人听时，他们会很自然地记住其中的观点。

遗憾的是有很多人把滑稽与幽默混为一谈，其实滑稽和幽默是不同的。滑稽是一些笑话或有趣的动作等，而幽默是一种更高层次的智慧积淀。那些从小生长并工作在马戏团、喜剧俱乐部或者议会的人具有滑稽的天赋。但是我们都知道，一个具有幽默感的人可能不会讲笑话。他不会使你开怀大笑，但是能让你感到气氛很友好，博得你的浅浅一笑。这恰好是你在演讲中应努力达到的境界。你要学会在演讲中运用幽默感，而不是用笑话展现自己滑稽的一面。

你听说过哪个演讲者以一个毫无意义的笑话开始他的演讲？如果演讲者在演讲开始讲一个毫无意义、与演讲内容毫不相关的笑话，听众会有什么反应呢？可能这个笑话很滑稽，你会开怀一笑。但即使是这样，这个笑话也只是分散一下听众的注意力，因为它对演讲毫无帮助，只是在浪费时间。

另一种糟糕的情况是听众对演讲者讲的笑话没有反应，这称作笑话的"炸弹效应"。听众都明白演讲者的意图，但是没有人回应，这时演讲者会在一片寂静中感到很紧张，听众也会感受到这种紧张的气氛。在这种情况下，

幽默的艺术

演讲者就陷入笑话"炸弹效应"的尴尬境地中了，而且很难摆脱。整个演说中，没有比引起听众高兴地发笑更为困难的事。幽默是一种十分微妙的事，和一个人的个性有着密切的关系，有的人生来就有这种天才，但有的人却没有。一个没有幽默天才的人，如欲勉强做得幽默，正如一个碧眼的人想把他的眼睛改成黑色一样不可能。要知道，一个故事的趣味，很少含在故事的本身里。故事能够称为有趣，完全得看讲故事的人用什么讲法。100个人讲同一个幽默的故事，有99个人是要失败的。如果你是一个具有幽默天才的人，你就应该努力培养你的这份天才，使你无论到什么地方，都备受欢迎。但是，如果你的天才不在这方面，你还硬要去学幽默，那真是"东施效颦"、愚不可及了。聪明的演说家们从不会为了只想幽默而讲一则故事。幽默有如糕饼上的糖霜，而不是饼本身，所以只能巧妙地穿插在一些演说里面。例如，驰名美国的幽默演说家利兰，替自己定了一个戒条，那就是在开始演说后的3分钟内，绝不讲述故事。这个戒条，也值得我们效法。

另外要强调的是，使用伤害性的幽默也属假作幽默之列。有的人为了表现幽默，不惜使用一些令人反感的言辞，以牺牲感情为代价，结果只会适得其反。幽默本来应该是演讲者与听众之间的桥梁，然而在此却变成了一种伤害，这不能算作是真正的幽默。

真正的幽默就应该是在淡定中彰显的灵动智慧，好笑却又不失风度。真正的幽默演说家哪怕在演说中出现了突发状况，也能够应对自如。幽默的演讲不仅仅能够让听众们享受到一场耳朵的盛宴，更重要的是能够让听众们感染到演讲者思想的高度。

成功的幽默演讲都是追求互动的

成功的演讲并不是一个人在讲，而是在场的所有人都在讲。演讲的一个大忌就是一个人在台上唾沫横飞地讲，没有与听众进行情感交流，没有让听众参与进去。幽默的演讲则属于一场愉快的互动演讲，它需要恰当的提问。

圣弗朗西斯科的喜剧教练约翰·坎图建议，通过唤起听众情感上的共鸣，让他们参与到演讲中来。"有一些特殊事件对人有很多特别意义——他们的中学时代、他们的第一辆车，他们的第一次约会。"他说，"设法将这些事件引入你的演讲中去。"这和让听众回想与他们约会的第十个人一样简单。"任何听你讲话的听众都会不由自主地想到那个人。"约翰解释说，"他们会强烈地融入你的演讲中去。"

这里只有一件事需要注意——你必须澄清为什么你要让听众回想这些情感上的东西。"它必须与你的讲话有关并且能够说明问题。"约翰说。幸运的是，这很容易做到。只要在你的演讲中找一些可以引起类似感觉的幽默情况，然后将它与你要让听众想象的东西联系起来就行了。

约翰·坎图还建议用幽默唤起听众所有感官的记忆，

幽默的艺术

让他们参与进来。他特意描述了一个运用所有感官的情况："你还记得高中时吗？所有人都在大厅里走来走去，所有人都围着你讲笑话，那个地方闻起来像公共厕所。"他提醒说，"虽然不太文雅，但是这可以帮助保证听众的参与。"

在适当的演讲情境下进行幽默提问可以缩短与听众的距离，满足听众的好奇心，创造宽松的气氛，利于演讲者处于主动地位。

美国前总统里根用精心安排的幽默语言点缀他的演讲，以赢得特定观众的尊重。对农民发表演说时，里根说了这么一件逸事讨好他的听众。

一位农民买下一块河水已干枯的小河谷。这片荒地覆盖着石块，杂草丛生，到处坑坑洼洼，他每天去那里辛勤耕耘。他不断劳作，最后荒地变成了花园，为此他深感骄傲和幸福。某个星期日的早晨，他去邀请部长先生，问他是否乐意看看他的花园。那位部长来了，视察一番。部长看到瓜果累累，就说："呀！上帝肯定为这片土地祝福过。"他看到玉米丰收，又说："哎呀！上帝确实为这些玉米祝福过。"接着又说："天哪！上帝和你在这片土地上竟取得了这么大的成绩呀。"那位农民禁不住说："可尊敬的先生，我真希望你能看到上帝独自管理这片土地时，这里是什么模样。"

里根巧妙地根据听众对象准备自己的幽默素材，从而赢得听众的关心与兴趣，实现了演讲者与听众的幽默互动，增加了会场的热烈气氛。

在演讲中，除了根据对象选取素材来引起互动，还要时常向听众提一些轻松、愉快、搞笑的问题。

那么，幽默的提问应该问什么呢？许多演讲者喜欢问一些能让自己更好应对的问题。"你们中有多少人是从郊区来的？你们中没有到来的请举手！你们中有多少人希望演讲者不再问这些无聊的问题？"尽管这种"调查"技巧十分老套，但却行之有效。

需要注意的是，幽默提问最易使演讲掀起高潮，也最易使演讲走向低谷，所以我们要把握分寸，要问得简洁、有笑点。提问次数不能太多，问题的答案要能让听众在很短的时间内答出来，甚至在潜意识驱使下就能作答。幽默提问中很忌讳提问内容晦涩难懂，用词佶屈聱牙。

有幽默的开头，也要有幽默的结尾

演讲要获得全面成功，一定要精心设计好精彩的结尾。也就是俗话所说的："编筐编篓，全在收口。"如果说好的演讲开头犹如"凤头"，那么好的演讲结尾就像"豹尾"。豹尾者，色彩斑斓而又强劲有力。结尾是对整个演讲的总结，它承担着收拢全篇的任务。因此，其意义非常重要。演讲的结尾既要有幽默文采又要坚定有力，既要概括全篇又要耐人寻味，才能使全篇演讲得以升华，收

幽默的艺术

到良好的效果,才能够让听众们在笑声中,对你的演讲感觉到意犹未尽。

因此,精彩的演讲,需要有一个明亮清晰的开头,也需要有一个幽默、意外的结果。

在一次演讲中,老舍先生开头说:"我今天给大家谈六个问题。"接着第一、第二、第三、第四、第五,井井有条地谈着。这时他发现离散会的时间不多了,于是他提高嗓门:"第六,散会。"听众先是一愣,接着就欢快地鼓起了掌,大家都十分敬佩老舍先生的幽默。

老舍先生知道已到散会的时间,没有再按事先准备的去讲,而是选择时机戛然而止,既幽默又利索。

结束语是演讲的重要组成部分,幽默的结束语能使演讲收到意想不到的效果。通常情况下,结尾不应冗长拖沓,更不能画蛇添足,而要在达到高潮时戛然而止,给听众以余音绕梁、回味无穷的感觉。结尾时要尽可能达到与听众感情上的交融,引起听众的共鸣。在把握好分寸的前提下,满腔热情地提出希望、要求和建议。

鲁迅先生在结束《在上海中华艺术大学的演讲》时候这样讲道:"以上是我近年来对于美术界观察所得的几点意见。今天我带来一幅中国五千年文化的结晶,请大家欣赏欣赏。"话刚说完,他就把手伸进了长袍,在大家好奇的关注中,他慢慢地从衣襟上方掏出了一卷纸。就在大家仍然摸不着头脑的时候，鲁迅先生把那卷纸缓慢打开，呈现在大家面前的居然是一本破旧的月份牌，原来这就是鲁迅口中的文化结晶，霎时间，全场爆笑。

鲁迅先生在恰到好处的动作表演以及幽默的悬念设置下，让演讲在大家的爆笑中拉下了帷幕。相信即使大家会忘记鲁迅演讲的内容，也不会忘记鲁迅演讲时候的幽默。这就是幽默结尾带给演讲人的回馈。

美国《星期六晚报》的主编说过："我把文章刊登在最受欢迎的地方，就结束了。而在演说上，当听众达到最愉快的顶点，你就应该设法早些结束了。"

其中，演讲精彩而幽默结尾的要求大致可以归纳成以下两点。

1. 加深印象，结束全篇

当演讲基本完成，听众对你的观点、态度以及讲述的有关知识基本上已经掌握时，就应该考虑"收口"了。幽默"收口"将从视觉、听觉上给听众留下最后印象，将在听众的大脑屏幕上"定格"。幽默"收口"的好坏直接决定了听众对整个演讲的印象。精彩、幽默的结尾往往能弥补一些不足，强化听众的总体印象。只要我们留意一下，便会发现古今中外的演讲家对结尾都是很重视的。

2. 言简意赅，耐人寻味

伟大的歌德曾这样欢呼新时代的到来："'宽恕我吧，渗透着时代精神，这是莫大的乐趣。'看呀，从前的

幽默的艺术

智者是怎样思考的，而我们最后却远远超过他们。"歌德结尾的演讲简单幽默、感情生动、耐人寻味。

因此，精彩的演讲结尾不要重复、松散、拖沓、枯燥，应尽量避免那种人云亦云的客套式的结束语。总之，结尾幽默生动应该是演讲者追求的目标。

第三篇

幽默给点力,职场才能有活力

第一章

跟同事幽默，做办公室达人

要想工作效率高，职场幽默不可少

职场幽默可以说是一种生产力，因为幽默元素能够促进人们思维等方面的活跃。众所周知，生产力中最重要的因素就是人，因此幽默风趣直接影响了人力的积极性与活跃性，进而带动了生产力的不断提高。正是如此，职场需要幽默，每个职场人更需要幽默。

现实生活中，很多企业已经意识到幽默的重要性，某企业的人力资源培训讲师曾经在培训中明确指出了幽默的地位："公司培训有五大要求，即培训内容要充实，要能激励人心，要给人深刻的印象，要有说服力，再有就是风趣幽默的谈吐，其中幽默谈吐仅次于印象深刻，排名第二位。"

将幽默作为公司培训考量的一部分，是因为幽默在很大程度上体现着一个员工的情商。情商决定了与人交往的能力，影响了给公司创造生产价值的能力。幽默风趣能使人在愉快与轻松的职场氛围中工作，员工的工作效率自然会提高。

王先生与老婆在家具城买床的时候，看到了一个比较精致而优雅的床，老婆喜欢得不得了，很想买下，可是他们看了一下价格后，心顿时凉了半截。床虽然不错，但价格也不便宜，居然是7万元。老婆有些意外地对服务员说道："这床怎么这么贵啊？"

服务员认真地解释道："因为这是一张绝对'以人为本'的床啊，其他款式的床都是让人来适应，就是说无论床的高矮度还是软硬度，都是人们无法改变的，人在休息的时候，只要把自己放在床上就行了。可是这款床却是一种可以适应人们不同需求的床，床上带有多个电动按钮，只要一按电钮，就可以让床抬起或者降下，以便顺应自己的舒适度。另外更重要的是，这款床还可以根据人们不同的睡姿来适时调整，让您每晚都能进入甜蜜的梦乡。所以，不是床的价钱贵，是看您舍不舍得为自己的身体健康埋单了，呵呵。"

听到服务员如此生动、幽默地讲解，妻子已经完全被打动了，王先生是个心疼老婆的人，看到老婆如此倾心于这款"以人为本"的床，也就没有计较太多，随后就买了下来。在付款的时候，王先生还不禁对服务员说道："你可真是个幽默的说服家啊。"

幽默，在增强说服力的同时，也增加了产品的销售量，也就是提高了企业的生产力。

无论是在情场、生意场，还是在职场，没有人不喜欢幽默风趣。也正是因为人们的喜爱，促使幽默成为一种生产力，或成为促进生产力迅速提升的重要因素。

幽默的艺术

学会幽默表达，加薪升职近在眼前

美国人类行为科学研究者汤姆士指出："说话的能力是成名的捷径。它能使人显赫，令人鹤立鸡群。能言善辩的人，往往使人尊敬，受人爱戴，得人拥护。它使一个人的才学充分拓展，事半功倍，业绩卓著。"他甚至断言："发生在成功人物身上的奇迹，一半是由口才创造的。"美国资产阶级革命时期著名政治家、外交家富兰克林也说过："说话和事业的进步有很大的关系。"无数事实证明，幽默水平是事业成功的重要因素之一，口语表达的好坏直接关系到事业的成败。

我们在办公室这个有限的空间中，做得最多的事情就是与人交流。我们要是能掌握一些幽默谈话技巧，就可以让自己在许多职员中脱颖而出，就能得到老板的赏识，同时和同事的相处也就会变得更融洽。总之，作为职场人，需要懂得在与他人沟通中学会幽默表达。

在德国某电子公司的一次会议上，公司经理拿出一个他设计的商标征求大家意见。

经理说："这个商标的主题是旭日，这个旭日很像日本的国徽，日本人民见了一定乐于购买我们的产品。"

营业部主任和广告部主任都极力恭维经理的构想，但年轻的销售部主任说："我不同意这个商标。"经理听了感到很吃惊，全室的人都瞪大眼睛盯住他。

年轻的销售部主任没有同经理争论那个带红圈圈的设计是否雅观，而是出乎大家意料地说："我恐怕它太好了。"

经理感到纳闷，脸上却带着笑说："你的话我难以理解，解释来听听。"

"这个设计与日本国徽很相似，日本人喜欢。然而，我们另一个重要市场是中国，中国人也会想到这是日本国徽，就不会引起好感，应当不会买我们的产品，这不就同本公司要扩展对华贸易营业计划相抵触了吗？这显然是顾此失彼了。"

"天啊，你的话高明极了。"经理叫了起来。

面对权威人士提出自己的想法，这位年轻主任不仅有充分的理由，还注意了幽默的意见表达技巧。年轻主任用一句"我恐怕它太好了"先抚平了经理的不快，使他不失体面。后来他以充分的理由，提出反对经理的意见，经理也就不会感到下不了台了，同时他的真知灼见也引起了经理对他的注意。职场中依靠幽默口才能达到令他人印象深刻的目的，可以让自己收获更多的职场机遇。

总之，如果你以为单靠熟练的技能和辛勤的工作就能在职场上出人头地、扶摇直上，那你就有点太幼稚了。当然，拥有出色的才干和强烈的工作热情对一位员工来说很重要，但是在职场中会说幽默话，会在合适的时间、合适的场景中进行幽默表达的员工，更容易受到同事的欢迎和上司的好感。所以，幽默沟通的灵活运用，是成功的重要

幽默的艺术

因素。卓越的说话技巧以及幽默的口才表达方式,不仅能让你的工作更轻松,还会促使你走向名利双收。多加强自己幽默口才的训练,并在适当时刻派上用场,加薪与升职必然离你不远。

职场需要的幽默,是得体的幽默

高强度和快节奏的工作步调,不免让人们心生烦恼。如果这样的工作长期占据着我们的生活,那我们就没有快乐可言了。所以,闲暇的时候,同事们聚在一起聊聊天,说点幽默的话题,也不失为一种减压的好方法。但是,职场毕竟是一个比较特殊的场合,我们一定要掌握好自己的幽默尺度,不要成为办公室中的众矢之的。

小芬的身高不高,身子还比较单薄。一天,公司的某个同事拿了一根竹竿到办公室,就想和小芬开个玩笑,一手招呼小芬,示意她站起来。

小芬对他的举动有点莫名其妙,于是就问他:"有什么事吗?"

"没什么,我就想拿竹竿和你比对比对,看看到底哪一个高一点。"同事满脸堆笑,对着小芬说。小芬对他顿生厌恶之意,随即转身就离开了。

用竹竿来调侃别人的身高,这个同事真是"哪壶不开提哪壶",根本就没有顾及小芬的感受。他没有想到自己这样做是多么愚蠢,这样的幽默除了只会让别人厌恶自己,起不到任何的作用。他也没有想到这件事给其他同事及自己的形象带来的影响,更没有想到没人会喜欢这种玩笑的!

如此说来,我们在办公室就不能开玩笑了吗?肯定不是的。上面的那个同事只是用错了幽默的方式,忽略了幽默要看对象、要遵循适当的原则。如果同事间能坦诚相待,适当的幽默还是能让大家笑起来的。

小张的儿子还比较小,所以小张上班的时候会时不时地把儿子带上。一天,小张又带着儿子去上班。可是,没想到的是,这个小孩非常调皮,东奔西跑,一不小心就打碎了同事的杯子。小张见状,"噌"地跳起来,指着儿子就大骂,并打了孩子一记耳光。

单位同事王萱看到这样的情况,站起来就对小张大喊:"小张,你怎么打孩子呢?快给我住手。"整个办公室闹声都停了下来,看着这种场面,心想王萱怎么还要多管闲事。四下安静了,接着又听到王萱说:"你这孩子原本可以当大学教授,就这一巴掌,把一个好端端的大学教授打没了。"听到她这么说,原本紧张的局面一下子缓解了,大家都被王萱的这句话逗乐了。小张也乐开了:"王姐,你说话可真有意思,你说这小子能当大学教授?这小子要是能有这能力,我就不用整天操心了。"

当我们在工作中看到同事与同事发生矛盾的时候,若能用一个恰当的小幽默来巧妙地化解,不仅会让同事之间的关系更加融洽,还能给同事留下良好的形象。不过,我们知道,同事之间开开玩笑无可厚非,但是一定不要在办公室里把上司当作笑话的对象,要不然可能就会有始料未及的麻烦。

职场中的我们需要幽默。得体的幽默,于人于己都是一缕玫瑰的芳香。幽默是闲暇之余的调味品,能不能融洽办公室的气氛,那就要看你懂不懂职场中幽默的"潜规则"了。如果你不能遵循这些原则,你的幽默不仅不能幽默别人,还容易把自己给"幽默"了。记住这些职场幽默原则,那么,不论你走到哪里,你的身边都会有一群人围绕着你,因为你能够给他们带去快乐。

借助幽默,避免与同事"交火"

工作中同事之间很容易发生争执,经常会弄得不欢而散甚至让双方结下怨恨。人是有记忆的,发生了冲突或争吵之后,无论怎样妥善地处理,总会在心理、感情上蒙上一层阴影,给日后的相处带来障碍,所以最好的办法还是尽量避免争执。

中国人常说,"有话好说"。这是很有道理的,据心理学家分析,争吵者往往会犯三个错误:第一,没有明确清楚地说明自己的想法,含糊、不坦白;第二,措辞激烈、武断,没有商量余地;第三,不愿以尊重的态度聆听对方的意见。这个时候,我们需要借助幽默,为即将在职场中爆发的矛盾开脱。

同事之间的关系是职场关系的重要一层,毕竟如果还打算在公司中工作下去,就免不了与同事相处,而同事关系的和谐是助力自己积极工作的重要动因。如果不能够选择自己的同事,那么就请选择幽默相处的态度,对同事多运用些幽默搞好关系,善用幽默避免与同事的争吵,为自己腾出更多的时间和精力来致力于工作。

麦克阿里斯特作为某大航空公司的主管工程师,曾经被派往参加一次关于要不要将新型喷气引擎继续安装在"逾龄"飞机上使用的会议讨论。此次会议讨论得十分激烈,一方强烈要求安装,另一方却坚决反对安装,双方僵持不下,火药味已浓烈到极限了。就在这时,会议讨论主席一席幽默的话打破了这种紧张的对峙局面。

主席说:"这些老飞机就跟老祖母一样,为老飞机安装新型喷气引擎就像是在为老祖母隆胸一样,可能带来浪费,却也可能会大有用处,不管怎么说,老祖母还是觉得很开心的吧。"

主席巧用比喻以及诙谐式的表达,让在场的人们放声大笑,对峙的局面一下子缓和了很多。会议讨论最终得出了一致的意见,就是可以将新式引擎安装在老飞机上,幽默地解决了工作中对峙的尴尬,避免了"交火",为大家

幽默的艺术

和谐共处创造了条件。

同事在工作中更需要这种和谐的幽默相处方式。幽默会加深同事之间的感情,避免不良情绪左右工作的心情,进而提升工作的效率。还有一点很重要,就是幽默可以为同事保全情面。

一位漂亮的打字员小姐收到了一封来自男同事的表白信,但是她对这位男同事没有感觉,于是没有理会男同事的信。但这位男同事仿佛并不在意打字员小姐的态度,他一如既往地写信。终于有一天,打字员小姐把他刚送过来的一封信连同自己重新打了一遍的信寄给了他,并幽默地说道:"我已经为你全部打完了,还有什么事情吗?"

此后,这位男同事不再自找没趣。

打字员小姐巧妙地借助了职业之便,幽默委婉地拒绝了男同事的求爱,保全了男同事的面子,又不会使自己为难。

办公室作为工作场所,建立良好的工作环境十分必要。幽默可以让自己树立起友好形象,引起同事们的好感,减少摩擦的发生,与同事在和谐中竞争。

退一步说,即使和同事没有竞争关系,没有提升不提升的前途问题,而只是彼此看不惯,也不必非说一些撕破脸皮的话。相互之间有了不同的看法,最好以幽默的口气提出自己的意见和建议,语言得体是十分重要的。每个人都有自尊心,伤害了他人的自尊心,必然会引起对方的反感。即使是对错误的意见或事情提出看法,也切忌嘲笑。

幽默的语言能使人在笑声中思考，而嘲笑则会使人感到恶意。真诚、坦白地说明自己的想法和要求，能让人觉得你是希望与他人合作而不是在挑别人的毛病。同时，要学会聆听，耐心地听对方的意见，从中发现合理的部分并及时给予赞扬或同意。这不仅能使对方产生积极的心态，也会给自己带来思考的机会。

对同事有意见，要幽默地说

飞飞在职场上已经"浮沉"好些年了，也遇到过各种各样的人和事，本来应该也算是一个"交际能手"，但她总是很容易得罪人。她心里总搁不住事儿，嘴上更是藏不住意见，有什么就说什么，从来不会隐瞒自己的观点。

当有的同事把茶水倒在纸篓里，弄得一地是水，她会叫他不要这样做；有的人在办公室里抽烟，她会请他出去抽；有的人爱没完没了地打电话，她就告诉他不要随便浪费公司的资源……她这样做是好心，因为如果让经理看见了，同事们不是挨一顿责骂，就是被扣奖金。可是，好心没好报，她这样做的后果是把同事们都给得罪了。每个人都对她有一大堆意见，甚至大伙一起去郊游也故意不叫她。有一次她实在气不过，就向经理反映，没想到经理也不怎么支持她，并没有批评有错误的人，反倒弄得她在公司里更加被动。她非常想不通，明明自己是实话实说，为什么结局会这样？难道做人就一定要虚伪做作吗？

幽默的艺术

道理很简单，飞飞没有把对同事的意见用幽默方式来委婉表达。幽默是职场的保护伞，是对他人的尊重。尤其是在公司里，每天都会跟自己的同事低头不见抬头见，如果处理不好与同事之间的关系，将会让自己在尴尬中变得无奈。就像飞飞这样，尽管她没有做错，但是她依旧得不到同事的欢迎，就在于她不懂得如何向同事提建议。

聪明的同事从来不会在与同事的相处中漠视"幽默"这位"仁兄"，他们往往能学会掌握幽默的习惯，用幽默把对同事的意见委婉、轻松地表达出来，听的人起码会很舒心，说的人也能放心。

一天，公司里的同事们一起外出聚餐，没想到这家餐饮部的饭菜质量很差，饭菜不好不说，价钱也比其他地方的菜贵，弄得大家抱怨声四起。这时候，服务员正好端上了一盘鱼，可是这条鱼却瘦得可怜，几乎没有什么肉。终于有位同事按捺不住了，他把餐馆负责任人叫了过来，幽默地对他说："你好，麻烦你过来帮我问问这条鱼，它身上的肉都跑到哪里去了？难道它让我们来吃鱼刺吗？"

餐馆负责人带有歉意地说道："是我没有注意，居然把一条减了肥的鱼给了你们，应该是不小心上错了。"随后他让人重新端上了一盘肥嫩的鱼。

这位同事的幽默让餐馆负责人认识到了问题的存在，他没有直接对餐馆负责人大加指责，而是幽默地通过质问鱼的方式让负责人自己心里有数。这位同事具有幽默的智慧，也具有圆融的幽默风格。

懂得圆融的人，往往会懂得在笑声中向大家委婉地提出意见，即学会为直接的意见披件幽默的外衣。这样做既缓和了气氛，又可以保留他人的情面，还可以拉近与对方的关系。

一位女同事总是在周一的时候迟到，这天她又一如既往急匆匆地奔进了办公室，跑到打卡机旁边，慌忙打完卡，刚坐下不久，旁边的一位男同事问道："我尊敬的女士，星期天晚上有时间吗？"

"当然有啦，我尊敬的先生。"女同事打趣说。

"早点睡觉嘛，否则周一早上总是这么一阵风似的来得匆匆，不怕心脏会承受不住啊，哈哈。"

这位男同事对女同事的建议是善意的，他通过一种逗笑的形式将自己的提醒幽默地表达了出来，让女同事在快乐中接受。这位男同事既没有伤害到女同事的自尊，反而通过这样一种趣味提议拉近了两人之间的关系，以后他们慢慢成了好朋友。

第二章

跟上司幽默，做晋升小标兵

幽默是晋升的一种快捷方式

公司是一个小型社会，员工在公司中除了做好自己的事情，更重要的是要说好话。公司中重要的关系就是员工与上司之间的关系，聪明的下属在上司面前不会做作，但会幽默。

在员工与上司之间的关系中，上司处于权力的主导地位，员工难免会遭受到上司的批评或者指责，有时会让员工感觉到委屈与压抑。这个时候，面对承受的委屈，如果你一脸的愤怒与不服气，只会加重与上司之间的矛盾与纠葛。但是如果你能够坦然接受委屈，运用幽默的谦和与乐观表现出对上司的理解和支持，那么上司也会对你另眼相看，所以说，无论上司会怎样对你，请学会用幽默的方法和技巧来解决问题。

一次，乾隆皇帝突然问刘墉："京城共有多少人？"刘墉猝不及防，却非常冷静地回了一句："只有两人。"

乾隆问:"此话何意?"刘墉答曰:"人再多,其实只有男女两种,不是只有两人?"乾隆又问:"今年京城里有几人出生?有几人去世?"刘墉回答:"只有1人出生,却有12人去世。"乾隆问:"此话怎讲?"刘墉妙答曰:"今年出生的人再多,也都是1个属相,岂不是只出生1人?今年去世的人则12种属相皆有,岂不是死去12人?"乾隆听了大笑,深以为然。

刘墉是一位智者,是一个懂得幽默的人才,他在回答皇帝问题的时候用一种"大智若愚"式的智慧,深得皇帝的喜欢与欣赏,也难怪刘墉很长时间以来都是皇帝身边的红人。

身在职场的我们一定要做到心里明白、外表糊涂,大智若愚的幽默说话会让你深得上司的赏识,助力自己平步青云。从这点上说,才干加上超时加班固然很重要,但懂得在关键时刻说些适当的幽默话,也是成功的决定性因素。幽默的说话技巧,可以避免麻烦事落到自己身上,有助于处理棘手的事务,等等。幽默不仅能让你的工作更轻松,还能让你名利双收。

其中,员工对上司的幽默运用需要注意一定的技巧。

第一,应该善用幽默调整好自己的心态,没有谦逊的学习姿态,幽默只会变成做作甚至是卖弄。

第二,要学会自嘲。在上司面前嘲笑自己也是在凸显上司的英明,这会让上司欣慰于你的领导力的同时,也对你的幽默心态大加赞赏。

幽默的艺术

第三,若要与上司在情感上进一步拉近,暖色幽默是一个很得力的助手。与上司经常进行一些暖色幽默,几乎没有什么问题是解决不了的。所谓暖色幽默不同于一般的搞笑幽默,搞笑幽默在效果之后就没有什么太大的影响与深刻的记忆了,而暖色幽默则会通过平和友善的姿态、妙趣横生的语言让人们在微笑中产生对你的敬服,从而印象深刻。

用幽默的方式秀出你的幕后功劳

你的身体本来就蕴藏着巨大的能量,成功并不需要让自己彻底改头换面,你要做的只是恰如其分地将自己的优点与优势展示人前,将自己的潜能极大发挥。幽默口才可以帮助你在工作中做到这一点,既能够凸显你的人格魅力,又能够衬托你的工作能力。

在文艺复兴时期,意大利雕刻家米开朗琪罗用了多年时间,完成了举世闻名的大理石雕刻,名为"大卫",现在存放于佛罗伦萨美术学院。当朋友问米开朗琪罗雕出栩栩如生的大卫像的秘诀,他只是诙谐地说:"大卫本来就在这块大理石之内,我只是将不属于大卫的石块凿掉罢了!"

米开朗琪罗对于自己闻名于世的雕刻作品"大卫",

没有显示出骄傲，也没有完全占有自己的功劳，反而对朋友以幽默的方式展示出了自己的谦逊。谦逊没有降低米开朗琪罗的成就，反而让他因智慧过人而更加被世人赞扬。

我们怎样将米开朗琪罗这种幽默的技巧应用到工作中呢？面对自己的上司，应该怎样将自己的能力优势向他婉转地表达，既不会让上司觉得自己是在故意卖弄，还可以让上司看到自己的成绩呢？

不要以为自己和其他员工一样是在上司的视野里努力工作的，只要用功了，就能得到应有的奖赏。很多时候，自己一直在拼命地工作，上司却也可能一点都看不到。这是一个信息化的时代了，光做事情是不够的，一定要懂得和上司沟通，幽默委婉地在上司面前表露出自己的成绩。否则，纵使你累得半死，也很难获得加薪、升迁的机会。

文先生自从毕业之后就在一家公关公司上班，工作一直非常认真，自我感觉也很好。但是，上司似乎总也看不到他的成绩。

文先生不喜欢表功，上司让他们随便谈论自己成绩的时候，他总是很谦逊地说："其实，我也没有做出什么成绩，我只是个帮扶的小角色，成就都是在大家的帮助和努力下完成的！"

后来，文先生意识到这样的回答不仅不会让上司觉得他这是在谦虚，反而会觉得他真的什么都没有做。于是，文先生就进行了调整。有一次，他只花了一个星期就成交了一笔业务！于是，他开始趁热打铁，显示自己的功劳。

 幽默的艺术

在一个偶然的机会下,他假装开玩笑地跟上司提起:"我刚和一个朋友谈完,就成交了这笔生意!前后还不到几分钟的时间。更具体地说我的思想还停留在谈判的境地呢,结果就被谈判成功的结果给拽出来了。"

上司果真非常高兴,他建议文先生告诉公司的公关部门,好让公司同仁知道这笔进账。再后来,他就被调到公关部门做了主管。

就这样,文先生突然发现,不管自己做了多少事情,付出了多少努力,如果自己不提,不会有谁帮你去告诉上司。而上司也不会将自己的注意力集中在某个员工的业绩上,他们关心的是整个公司的运转。不留痕迹地幽默表功劳,正适合那些有点内敛的人。

如果你没勇气直接向上司表露功绩,就学习一下这种幽默的方式吧。这种方式不仅能让上司对你刮目相看,还能充分体现你的聪明和技巧。

台湾作家黄明坚有一个形象的比喻:"做完蛋糕要记得裱花。有很多做好的蛋糕,因为看起来不够漂亮,所以卖不出去。如果在上面涂满奶油,裱上美丽的花朵,人们自然就会喜欢来买。"

工作也是一样,除非你打算继续坐冷板凳,蹲在角落里顾影自怜,否则,每当做完自认为圆满的工作,都要记得向上司、同事做一次幽默的报告,别怕别人看见你的光亮。当有人来抢夺属于你的功劳时,也要坚决捍卫。

将自己秀出来是需要勇气和说话技巧的,秀出自己的

功劳不妨用幽默的话语。幽默可以让大家在敬佩你的业绩能力的同时,更加喜欢你这个人的说话做事风格。

善用幽默,让错话转化为良言

当你在上司面前失言了,千万不要慌张,要懂得亡羊补牢,伺机施以巧言妙语挽回失误。这样做,不仅能挽回失误,还可以将自己无心的失言转化成为一种拉近与上司或者同事关系的道具。

首先,善用幽默将错话转化为良言,是为错误进行解释而找的美丽借口,既然是借口就不能显示出不真诚,否则借口将不再美丽。

有一次小王在和同事聊天时,开玩笑地说上司"像个机器人",不巧的是,这句话正好被上司听到了。于是,小王在忐忑中给上司写了一张条子,约他抽空谈一谈,上司同意了。

"显而易见,我用的那个词绝无其他用意,我现在非常悔恨。"小王向上司解释道,"我之所以用'机器人'这样的字眼,只不过想开个玩笑。我感到您对工作一丝不苟,但对我们有些疏远,因此,'机器人'三个字只不过是描述我这种感情的一种简短方式。请您谅解!以后我会注意自己的表达方式。"

上司为小王合情合理的幽默解释和自我批评而深受感

幽默的艺术

动，小王借力表态，说以后要努力克制乱开玩笑的毛病，做个通情达理的好员工。

小王利用幽默进行的坦率道歉，让他和上司的关系化干戈为玉帛。有些人在对上司说了不敬的话时，往往会一味地自我谴责甚至自我羞辱，然后低声下气地道歉。但许多情况下，仅靠一句"对不起"是不会得到上司的谅解的。道歉要坦率，更重要的是，要通过幽默的感染力把想要道歉的问题讲清楚，只有这样才能促成和上司的友好沟通，从而顺利解决自己因言行失误带来的感情危机。

其次，善用幽默需要巧妙地运用修辞。

南朝梁有个大臣叫萧琛，能言善辩。在萧衍还没有称帝时，他就与之交好。后来萧衍当了皇帝，两个人之间的关系还是很亲密。

有一次，武帝萧衍举行大型宴会，萧琛也参加了。酒过几杯后，萧琛有些醉意，就趴在桌子上。武帝见了，就用枣子投他，正好打中萧琛的头。萧琛抬起头，竟然不假思索地拿起食品盒里的栗子向武帝投去，正好打中武帝的脸。这时，旁边的官员都看到了，吓得大气不敢出。武帝的脸也一下子沉了下来，刚要动气，萧琛急忙说道："陛下把赤心投给臣，臣怎敢不用战栗来回报呢？"

武帝一听，转怒为笑。

这里，"赤心"是借用枣的形态做比喻的，"战栗"

则幽默借用了"栗"的谐音。可以想象,如果不是萧琛机智快速的反应,及时想出应答的办法,等待他的岂不是杀头大祸?

在上司面前做错了事,道歉并不总是唯一正确的选择。因为道歉过后,上司可能只是原谅了你,怨气消了不等于喜气来了,而如果能像萧琛这样,明明是做错了事,但短短一句幽默话,不但消解了上司的怨气,而且还带来了喜气,岂不是更高明的选择?给自己的失误,加上一个美丽的修饰,错误反而成了向上司表达衷心的举动,难道不令人拍案叫绝吗?

给上司提出意见,幽默的方式更可取

在职场中,下属作为团队中的一员,总免不了要与上司打交道,常常要向上司表达自己对某工作的一些看法,或是提出一些对工作或业务发展的建议。这种时候,便要十分注意说话的技巧了,如果自己颇有微词,便会导致沟通不能顺利进行下去,更严重的话,还有可能使上司对自己产生一些偏见,使自己在单位中的处境变得不妙。那么,要用什么样的方法呢?不妨试着培养一下自己的幽默风趣吧!

幽默能让你的回答更加婉转,让你的上司更加容易接受,既达到了提意见的目的,又融洽了气氛。下面这个故事中,一个员工迂回地表达了对公司伙食的不满,让他的

幽默的艺术

上司一下子就明白了员工们的早餐状况,并采纳他的建议改善了他们的伙食标准。

一位总经理早上去慰问自己的员工,并顺便询问了员工们的早餐状况。大部分员工都恐于老总的权威,于是都含糊其词地回答说"还行""可以"。而只有一位员工很满足地说:"1个鸡蛋、1碗麦片粥、3块蛋糕、2个夹肉卷饼、1个苹果,总经理。"经理听完之后,半信半疑地问这位员工:"你们的标准差不多都要赶上国王的早餐标准了!"经理说完,这位员工毕恭毕敬地回答他:"很遗憾的是,这是我在外面餐馆享受的标准。"

这次慰问之后,总经理便马上开会讨论,责令改善了员工们的伙食待遇。有的时候,一个小小的幽默就是这样奇妙,简单地让别人采纳了自己的想法和意见。

在工作中,有些上司总是对员工要求比较苛刻,对某一个问题,如果员工有不同的意见也不乐于采纳。而对一个称职的员工来说,坚持自己的意见和立场是重要的,做事遵循一定的原则,不能因为上司的吹毛求疵而轻易改变自己的看法。所以,要敢于指出上司工作中的不足,但这是需要勇气的。而能够比较幽默地"以其人之道,还治其人之身"的话,便能让上司知道错在哪里的同时还会注意改正自己的错误。

某公司的李经理有着很重的官僚作风。公司最近新聘请了一个员工小王,对着小王,他总是颐指气使地训话:"你既然是我的下属,就一定要懂得服从,我让你往东,你就不能往西,让你做什么,你就得做什么,明白吗?""知道了,知道了!"小王诚惶诚恐地答道。

就这样过了几天,有一位贵宾来访。李经理便让小王给客人端茶倒水,递烟。事情做完后,小王便站在了旁边。这时,李经理要为来客点烟,却发现没有打火机,便气急败坏地吼道:"笨蛋!烟、打火机、烟灰缸都是环环相扣的,没有打火机怎么点烟呢?你就不能学聪明一点吗?"小王连忙点头称是。

过了几天,李经理生病了,便吩咐小王去请医生。结果小王去了三四个小时才回到公司。于是李经理又开始骂开了:"笨蛋!就这么点小事,需要那么长时间吗?"这时,小王故意大声喊道:"经理,您要知道,要花的时间还长着呢,现在医生、律师、棺材店老板、殡仪馆老板都在外面等着呢!"

这个小王还真是风趣,简单的一句话便把傲慢刁难的李经理好好地讽刺了一番。

在职场中,员工都希望自己的工作成绩能够跟收入成正比。但有的时候,加薪这样的美好愿望要怎样向上司提出来呢?是直截了当地提出加薪要求,还是委婉地表达自己的愿望,让对方明白自己的想法呢?当然,后者是更可取的。否则,不但自己加薪不成,反而会引起上司的反感,影响自己在公司的发展前途。

下属需要向上司提建议时，通过幽默的方法，把建议表述得含蓄委婉，从而可以使自己处在进可攻、退可守的位置，让自己立于不败之地。

幽默地说实话，更能赢得上司的好感

在职场中，我们经常可以看到有的下属对领导马首是瞻，马屁拍得让人感到肉麻。遇到马屁精，要是糊涂的领导，可能会重用一下；如果是非常精明的领导，这种人是很难得到重用的。因为，马屁精一般并没有什么真才实学，不仅很难成事，还经常会坏事；另外，这些人把利益放在第一位，现在他可以肉麻地拍你的马屁，明天也可以干出对你不利的事来。因此，对领导讲话，不一定非要拍马屁才能赢得领导的好感，正直、幽默的实话比拍马屁更能赢得领导的好感。

当然，作为下属，领导的面子还是要照顾到的。这就要求在和领导讲话的时候既不能肉麻地拍马屁，也不能让领导感觉被压制，下不了台，也就是要不卑不亢，要有分寸地幽默交谈。

在领导面前，如果为了迎合领导，讲了假话，那就违背了自己的内心，且未必会得到领导认可。在这个时候如果讲究点幽默技巧，不卑不亢，既讲了真话，不违背自己的本心，又能使对方愉快接受，岂不是一举两得。下面就是这样一个例子。

宋代有一位大臣，为官清廉，为人刚正不阿。年轻时四处游学，机缘巧合，竟然遇到了微服私访的当朝皇帝。皇帝心血来潮，写字画画去卖，只可惜水平实在不高。这位为官者告诉皇帝，他的画儿只值一两银子。皇帝听了既不服气又很生气，但也不好发作。

来年，这位青年进京赶考，高中状元，成了天子门生。觐见皇帝时才发现，原来当年卖画儿的老兄竟然是皇帝，皇帝也认出了他。皇帝屏退左右，只将这位大臣留了下来，拿出当年只值一两银子的那幅画，问道："卿家认为这幅画价值几何？"

这位大臣赶紧前进一步，很是风趣地说道："这幅画如果是陛下送给为臣的，那就价值万金，因为无论陛下送何物，对为臣来说，都是无价之宝。但如果拿去卖，这幅画还是就值一两银子。"

皇帝听了，不禁拍掌大笑，知道自己有了一位才学渊博、品行端正、幽默才智的忠心之士。

这位大臣在这里并没违背自己的本意，而是幽默机智地讲了真话，这种不卑不亢的巧妙表达，也使皇帝觉得在理，因而也非常高兴。

对于一些涉及领导者的棘手问题，为了给对方留一个面子，同时维护自己的尊严，就要巧妙区分，从不同的角度来幽默解决。下面就是这样一个例子。

南朝齐代有位书法家叫王僧虔，写得一手绝好的隶

幽默的艺术

书。但是当朝皇上齐高帝萧道成也是一个翰墨高手，他要和王僧虔比个高低，两人都写完了一幅字。

高帝问王僧虔："谁为第一？"

若一般臣子，当然会立即奉承皇上说："臣不如也。"但王僧虔却是一副傲骨，明明自己的书法高于皇帝，为什么要做违心的回答呢？于是，这位才思敏捷的书法家说出了一句千古流传的绝妙答词："臣书，臣中第一；陛下书，帝中第一。"

他巧妙地把臣与帝的书法比赛分为"臣组"与"帝组"加以评比，这样既满足了高帝的"冠军欲"，又维护了自己的荣誉和品格。皇上听了，哈哈大笑。

王僧虔在这里就运用了"巧妙区分"这种幽默手法，不卑不亢的态度使自己的回答幽默圆转，皇上也无话可说。

不卑不亢只是一种幽默手段，运用它的关键是理直而气壮，只有在领导面前大胆地说出应该说的话，才不会弄巧成拙，惹领导不快。

也就是说，对领导幽默要做到有礼貌、谦逊，但是，绝不要采取"低三下四"的态度。绝大多数有见识的领导，对那种一味奉承、随声附和的人，是无论如何也不会予以重任的。因此，在必要的场合，作为下属也不必害怕表达自己的不同观点，只要自己是从工作出发，摆事实、讲道理，再加上幽默的表达，一般会让领导予以认真考虑。

第三章

跟下属幽默，做有亲和力的领导

幽默感的领导总是那么有影响力

领导力是上司最重要的影响力，它代表着一种增强威信、获得追随者的能力，与人交际的协调沟通能力，以及激励下属不断进步的能力。优秀的上司往往具有强大的影响力，进而调动整个公司的凝聚力，促进企业一直保持着蒸蒸日上的发展势头。

领导力如此重要，提升领导力的重要方法之一就是善于运用幽默增加自己的影响力。上司的幽默能够提升自己的人格魅力，使得下属心服口服，促进领导理念以及方法优化，加强下属对工作的责任心以及自信心。

美国前总统林肯先生是一位被大家认同的幽默大家，他幽默的人格魅力已经让无数人为之"倾倒"。一次，他与另外一国的总统会面的时候，在握手之前就对那位总统幽默道："哈哈，原来你的个子比我高啊，怎么样总统先生，谈一下你当总统的感受吧。"

幽默的艺术

那位总统倒没有林肯这么自然,他拘谨地反问:"你怎么看呢?"

林肯诙谐地说道:"当总统的感觉不错,就是经常会像吃了火药一般地想要'放炮'。"

经过林肯这么幽默地一说,两人顿时哈哈大笑了起来,这两位总统也由陌生变得亲切起来。幽默能够打破猜疑,消除戒备心,能够放大一个人的人格魅力,帮助自己用最短的时间赢得他人的认可与信赖。

智慧型的上司,总是能够看懂下属的紧张,总是会借助巧妙的智慧性的幽默来消除与下属的陌生感,在缓和的情势下赢得下属的"高看"。

珍珠港事变之后,尼米兹元帅接任美军太平洋舰队司令的职务。他为人平易近人,遇事沉着稳定,留着一把胡子,士兵们背后都叫他"老山羊胡"。有一天,他乘坐的旗舰在海上遇到敌人的军舰,双方立刻展开猛烈的炮轰,尼米兹一连指挥好几个钟头,觉得有点儿疲倦,便叫旁边一个水兵替他端一杯咖啡来。水兵才离开没多久,因为日机来袭,尼米兹便下令熄灯,一下子,整条旗舰一片漆黑。水兵端了咖啡,在黑暗中到处找尼米兹,找了很久都没找到,便很不耐烦地说:"咖啡来了,可是这个'老山羊胡'哪里去了?"不巧尼米兹就站在他旁边,便回答说:"'山羊胡'就在这里,不过下次要记住,最好不要加个'老'字!"

士兵听到尼米兹元帅的回答后，有些歉意，对他更加敬重了。

尽管是在与敌军处在紧张交战的状态，尼米兹元帅并没有因为士兵管自己叫"老山羊胡"而气急败坏地发脾气，相反，他对士兵幽默地进行纠正，为自己的气度与影响力再次赢得了高分。从尼米兹元帅身上，我们不难看出有幽默感的领导总是那么有影响力。

幽默是一种值得推崇的心理特质，有幽默感的领导也往往会因此受到更多的追捧。在现今社会，做好领导工作就首先应该做好沟通工作，而幽默中所体现的智慧往往使沟通更顺畅有效，使下属在幽默中得到启示，使持有反对意见的人在谈笑中败下阵来。

想赢得人心，用好幽默这块磁石

一名优秀的上司不能对员工太过严厉和苛求，成天沉着脸，不仅不能增加自己在员工心目中的威信和尊重，反而会让他们更加疏远你。所以，适当展现出自己幽默风趣的一面，便能树立一种和蔼可亲的形象，融洽与员工的关系，给整个团队带来欢乐的气氛，从而带动员工工作的热情，增强公司的凝聚力。

有一次，一家公司的经理带领员工正在卸货的时候，

幽默的艺术

天下起了雨,所有的员工,包括经理在内,都冒雨干活,于是浑身都被淋湿了。这个时候,经理一边摸着脸上的雨水,一边笑着对员工说:"今天晚餐我们可以加一道新菜了。"员工们都忙着干活,还没等反应过来,经理便接着说:"这道菜名就叫清蒸'落汤鸡',我想味道一定好极了!"话音刚落,员工们全都笑了,心想经理还真是幽默。

如此简单的一句话便逗乐所有的员工,让人们忘记了工作的辛苦,工作也更加卖力。

上司和领导并不意味着就要高高在上,与员工之间就要有一道高下之别的界限,一个平易近人的上司,是更能够得到员工认可的,懂得关心和照顾下属,才会取得他们的信任。采取适当的途径,与下属们做好沟通工作,便能树立一个良好的上司形象。与下属在一起相处时,上司放下架子,保持一种幽默轻松的氛围,自然而然地也就相互理解了,这对于你的管理会更加有帮助。上班中,时不时地与大家开个玩笑,便能舒缓员工工作的紧张,使他们在工作中更有干劲。

汤姆是一个大企业的主管,他的工作总是最有效率,主要得益于他与员工及时而有效的沟通。有一次,他外出回到公司,便听到一群人在哼唱韩德尔的神曲《弥赛亚》,这时他看到这群人正是他的员工,他就悄悄走进去。当职员们发现他们的主管回来了,便四散开了,匆匆忙忙地回到了自己的工作位置。汤姆看到这种散漫的状况，他并没有发火，而是对员工们说："刚才好像听到弥赛亚到我们这里来了，这么有名的人，大家为什么不请他等我一下呢？"

一个领导如果不能激发自己的团队一起奋斗，自己有再强的能力都是零。团队的凝聚力对于任何一个单位都是很重要的，领导者应该如何发挥自己的领导艺术呢？幽默应该算是一剂良药吧！

美国前总统林肯的幽默是很有魅力的。有一天，一位新任的部长来见林肯总统，于是林肯便和他边走边说着话，来到了一个走廊，发现一队士兵正在那里等候，准备接受总统训话。士兵们看到总统走了过来，便开始齐声欢呼。而这位部长还没有反应过来总统将要做的事，直到一位副官向他示意往后退，这时他才恍然大悟，发现了自己的失礼，因此尴尬极了。

这时，林肯总统微笑着，慢慢地对他说："布兰德先生，或许士兵们根本就不知道谁是总统呢。"

林肯的幽默让失礼的部长找到了台阶，避免了紧张和尴尬，同时，也让全体在场的人感受到了总统的可亲可敬。

聪明的上司从来都不会吝啬自己的幽默，因为他知道幽默的力量所在。在管理中如果能多加一些智慧和幽默，便可以让员工们的生活和工作变得更快乐，只有在轻松自

幽默的艺术

在的环境中,人们才不会过于紧张而冒冒失失,才会利于工作的开展和管理。一个优秀的上司会懂得如何处理好和下属的关系,同时也会想方设法去制造融洽的气氛来调动下属的工作积极性。

一个公司如果有一个融洽相处的团队,便能更好地为公司服务。那么,在一个团队中,有一个懂得幽默的上司,是比一个古板的上司更好的。因为懂得幽默可以润滑人际关系,消除紧张,减轻生存压力,把人们从各种自我封闭的境况中解脱出来,寻得益友,增强信心,在人生的道路上知难而进。由此可见,懂得幽默是多么的重要,尤其是在职场中,团队领导人更应该具备这样一种素质。

将"意见"幽默地说成"建议"

在上司与下属之间,由于本身存在着管理与被管理的关系,因此他们之间会存在一种所谓的"人际落差",即他们很容易在问题的认识上出现意见分歧,进而会产生矛盾。这也是很多上司与下属之间一直关系紧张的原因。

但是,懂幽默的上司是不会让这种上司与下属之间关系的不协调性出现并且加剧的,因为他们善于运用幽默的技巧与下属进行沟通,善于将上司与下属之间的认识差异减少到最小。在认识趋同于一样的时候,即使是上司对下属进行批评,幽默的语言也会让下属容易接受。换句话说,懂幽默的上司能更容易说服下属,取得下属价值观与自己价值观趋同的效果。

懂幽默的上司，能将自己的"意见"幽默地说成"建议"。面对比较着急完成的工作任务，一位聪明的部门主管曾这样幽默地要求一个着急与男朋友约会的女员工留下来加班。

主管："我的头脑已经落伍了，顶多算是486的配置，而你们年轻人的头脑可是酷睿双核呢，既然配置升级了，速度也该升级才是，所以要把那份报告材料尽快整理出来给我。"

女员工："嗯，好的，我会尽快完成。"

另外，懂幽默的上司不仅能够轻易地说服下属按照自己的心意来做事，还能让故意刁难自己的人对自己钦佩。

有个员工对公司董事长颇为反感，他在一次公司职员聚会上，突然问董事长："先生，你刚才那么得意，是不是因为当了公司董事长？"

这位董事长立刻回答说："是的，我得意是因为我当了董事长。这样我就可以实现从前的梦想，亲一亲董事长夫人的芳容。"

董事长敏捷地接过对方取笑自己的目标，让它对准自己，于是他获得了一片笑声，连那位发难的人也忍不住笑了。

幽默的艺术

上司的幽默，是管理者化解尴尬的最好办法，这既能够体现出管理者的大气与老练，也能够博得他人的好感，给自己的管理加分。

批评有窍门，对犯错的员工幽默点

幽默的上司很容易受到下属的欢迎，因为幽默的上司很乐意与自己的员工打成一片，很愿意用自己幽默的人格力量去指导批评下属的工作，让下属在欣然接受指导的同时，迸发出更加强劲的工作热情，从而提升公司的业绩水平。

领导在管理下属的时候，不妨放下自己的架子，在向下属们讲道理的时候，不妨先拿自己开刀，做个自我检讨。领导在管理过程中，大多数时间是在批评自己的下属。否定和批评下级，固然因为下级有了过失，但与此同时，处于指挥和监督岗位的上级，也有不能推卸的间接责任。殊不知，管理需要幽默感，能够让下属"笑"的领导，方能够给公司带来更强的生产力与战斗力。

然而，懂幽默的人往往懂得拿自己开涮。作为领导应该学会给予员工幽默、婉转的批评，给予自己相应的责任承担。

伍德鲁夫是可口可乐公司的老板。有一次，他去视察一个装瓶车间，发现车间特别脏乱。于是他把装瓶工人叫过来，对他说："你最好在第二天把你的操作间打扫干净，不然，你很快就会发现，自己被换到了其他某一条生产线上。"

"但是，伍德鲁夫先生，"这个装瓶工抗议道，"打扫干净没什么作用，第二天就会恢复老样子。"一阵紧张的沉默过后，伍德鲁夫缓慢地、有意地把雪茄从嘴里取出，眼睛直直地盯着这个装瓶工。"你每天都得擦你的屁股，是不是呀？"伍德鲁夫说。说完这句话，他重新叼起雪茄，离开了。

伍德鲁夫先生用形象幽默的语言指出员工的错误，从而使批评更容易被员工接受，员工也更乐于在管理者的幽默中改正自己的工作态度和方法。面对老板的幽默式批评，员工会感激老板的大胸襟，更加愉快地接受老板的批评，从此做事比以前认真多了不说，也更加心甘情愿地服从老板的领导。

批评需要学问，更需要懂得幽默艺术，这样才会让批评显得温和。

杰克和他的情人玛丽想喝咖啡，但端上来的咖啡差不多只有半杯，这时杰克笑嘻嘻地对咖啡店主人说："我有一个办法，保证让你多卖出三杯咖啡，你只要把杯子倒满。"

几乎在所有情况下，幽默地批评比大声抱怨能让你获

得更周到的服务。因为你的失望让对方听见了,而你却没有让他觉得难堪。

此外,领导在幽默批评他人之前不妨先谈一谈自己从前做过的类似错事,一方面可以为对方提供活生生的例证,让他从这例证中认识到犯错的严重后果;另一方面也可以带给对方一定程度的认同感,拉近彼此的心理距离,营造出轻松、坦诚相见的幽默批评氛围,从而使对方更容易接受你的批评与建议。

实际上,越是地位高的领导者,越是懂得带头做自我批评。先做自我批评的方法,能够减轻下属的心理负担和抗拒心理,使他们能够接受批评,冷静地审视自己的错误。

善用幽默,将批评转化成激励

上司对下属批评不应是任意而为的,而应是非常讲究技巧的。硬邦邦的斥责只会让对方丧失信心,一蹶不振,伤害他人的自尊心。那么,如何让受批评的人能够心甘情愿地接受自己的意见呢?适时、适度的带有幽默元素的批评会显得温馨而易于让人接受,这不仅能让下属认识到自己的问题所在,还可以对其工作产生积极的激励作用。

有一次,张震将军到部队视察,召集了大部分的军官开座谈会。会谈时,张震将军问在座的军官:"部队里战士的津贴是多少?"但是,问完之后,竟没有一个军官主动回答他的问题,看来所有的军官都不知道答案。

张震将军看到这种情况,气不打一处来,但是他没有直接发火,批评在座的任何一个人,而是给他们讲了一个故事,他说:"民国的时候,有个军阀叫张宗昌,有一个外号叫'三不知将军',为什么呢?因为他虽然身为将军,但他却一不知自己到底有多少兵,二不知自己有多少枪,三不知自己有多少个小老婆。他的外号由此而来。"故事讲完了,在座的军官们都低下了头,明白了张震将军故事的深意。

在这则故事中,我们看到,张震将军没有一句直接批评下属的话,而是用幽默的故事来启发在场的人,要他们懂得体恤下属,不要做"三不知将军"。幽默一下,不仅不浪费气力,还收效甚好。

金无足赤,人无完人。繁重的工作任务中,下属难免会犯这样或那样的错误。身为上司,应该设身处地地为员工考虑,不能一开始就当头呵斥,张嘴就骂。这样的批评不仅让对方难以接受,起不到激励的效果,还会给员工留下一个不好的印象,影响工作热情。当下属犯错误的时候,不妨先压制一下自己的怒气,让自己平静下来,换一种方式。试着对下属微笑,用你机智幽默的魅力去感染他,这样一来,能够幽默轻松地让员工们认识到需要改进的地方,既改善了员工们的工作,又使上司和下属们的关系和谐融洽,作为一名睿智的上司,何乐而不为呢?

 幽默的艺术

柯立芝是美国第30任总统,他在任的时候,有一位漂亮的女秘书,而这位女秘书总是会犯粗心大意的错误,尤其是在处理公文的时候。某天早上,柯立芝总统看见秘书穿了一身漂亮衣服走了进来,就对她说:"你这身衣服真适合你,完全就是为你这种年轻漂亮的小姐量身定做的。"女秘书听到总统夸自己,顿时心花怒放,紧接着,她听到总统说:"我相信你也能够将公文处理得和你一样漂亮。"此后,女秘书就渐渐改正了粗心的毛病,公文处理得越来越漂亮了。

柯立芝先扬后抑的随机幽默,在夸赞了女秘书的同时也达到了批评的效果,这种灵活的应变,便把问题轻松地解决了,不得不说是相当高明的技巧。可见上司对下属的幽默批评不只是一种手段,更是一种能够让上下级关系更为融洽的艺术。有的时候,在面对下属敷衍了事的态度时,幽默批评的力量或许更大。

麦克是某个公司的职员。有一天,他找了个借口说要参加祖母的葬礼,所以特向公司请假一天。结果这件事情被上司发现了,知道他是故意编理由请假不上班的。第二天,等到他回到公司,上司就拦住了他,说:"麦克,你相信人能死而复生吗?"麦克还不知道发生了什么事,便不假思索地回答:"当然相信。""这就对了,"上司微笑着说,"昨天你请假刚参加完你祖母的葬礼,但她今天就到公司来看望你了。"听到领导说完,麦克知道自己的

借口被识破了，于是便主动承认了错误。

　　这个上司的幽默透露着睿智，轻松地让员工承认了错误。所以，在工作中，如果你想成为一个受人敬重的领导，一定要懂得幽默的技巧，这在你管理员工的时候能起到事半功倍的效果。有的时候，面对员工的错误，不要轻易地去批评，试着把下属的一些优点与幽默的方式结合在一起，这样的"批评"会起到更好的效果，也更容易让上下级的关系更深入一步，对员工工作的改进也会产生很好的帮助。

第四章

跟客户幽默，做好金牌销售员

金牌销售，幽默艺术做担保

幽默的人都很受欢迎。幽默让沟通变得更简单。幽默是推销的加速器，运用好幽默法则很重要。在推销的过程中，没有什么比幽默更有利于和顾客之间建立亲和的关系。幽默就像是机器中的一种接合零件，能将人们思想中的成见与偏见揭示出来。

金牌推销员贝特经常有奇思妙想，会使用一些出其不意的方法赢得客户的青睐。

有一次，他用电脑制成了一张乐透彩券，把自己的照片放入号码栏内，然后用彩色打印机印出彩券，再把彩券贴到一张厚纸板上，最后覆以锡纸，制成刮刮乐的表面。上面写着：在直排、横排或对角线中，只要出现三张相同的照片，您就中奖了。

贝特都可以想象得到对方收到彩券、刮出照片时是怎样一副惊奇和好笑的表情。贝特把自己制好的彩券寄给了一位久攻不下的难缠大客户。贝特已经连续拜访这位客户一个半月了，却连一面也没见着，打电话，秘书的防护坚硬如墙，把人拒之门外。没想到，贝特寄出彩券的第二天，客户就亲自打电话过来了，说："你这个人真幽默，我倒想看看制作这张彩券的人到底是何方神圣！"

就这样，不等贝特请求，对方先说出了见面的时间，后来贝特当然是顺利地做成了一笔大生意。

幽默是具有智慧、教养和道德上的优越感的表现。在人们交往中，幽默更是具有许多妙不可言的功能。幽默的谈吐是人们在社交与推销场合所离不开的，它能使那些严肃紧张的气氛顿时变得轻松活泼，它能让人感受到说话人的温厚和善意，使说话人的观点变得容易让人接受。

幽默能活泼交往的气氛。在推销各方正襟而坐、言谈拘谨时，一句幽默的话往往能使来宾们开怀大笑，使气氛顿时活跃起来。幽默的语言除了能使局促、尴尬的推销场面变得轻松和缓，使人立即解除拘谨不安，它还能调解小小的矛盾。老舍先生曾经举过一个例子：一个小孩看到一个陌生人长着一只很大的鼻子，马上对着陌生人叫出来"大鼻子"。假若这位被叫作"大鼻子"的先生没有幽默感，听到孩子这么叫他，就会觉得不高兴，而孩子的父母也会感到难为情。结果陌生人幽默地说："就叫我大鼻子叔叔吧！"这就使大家对这件事一笑了之。当然，幽默只是手段，并不是目的，不能强求幽默，否则会弄巧成拙。

幽默的艺术

幽默还可以增强批评效果。美国作家卡尔·桑德贝格脾气很怪。有一次,卡尔在匆忙中打不开一扇窗门,就扬起双臂乱喊乱叫起来。这时,他的妻子走了过来,一边抬头望着他,一边用手抚摸着丈夫的胸膛说:"多么令人提神的好嗓子啊!"卡尔立即不好意思地安静下来。在交往中如果有人蓄意攻击和侮辱你,幽默也可以变成十分有效的说服与反击武器。

据说德国大文豪歌德一天在公园散步,碰到了曾恶意攻击过他的一位批评家。那位批评家傲慢地说:"我是从来不给傻瓜让路的。"歌德立即回答说:"我却完全相反!"说完,他就转到一边去了。

这种幽默的回答,充分表现了歌德的机警和敏捷。在错综复杂的推销过程中,需要因时因地恰当地运用幽默策略战胜对手。

如果你有意从事销售工作,或者正在从事着销售工作,那么口才的重要性已经不言而喻了。我们可以在注重口才的基础上,尝试着给自己的口才增加一点幽默的特色。因为幽默的口才往往是智慧的体现,是不断练习的结晶,是具有个性的语言展示,更是推动销售业绩不断攀升的动力。

欲擒故纵，幽默地说服他人

欲擒故纵幽默法的逻辑学常识告诉我们，有时同一个词语在不同的语境中，可以表达不同的概念；有时不同的词语却可以表达相同的概念。

这种欲擒故纵幽默法，一般有两大效力：一是能增加说话者的幽默感，从而使其要求更易于为对方所接受。因为心理学理论告诉我们，同一要求，采用不同的方式表达，其客观效果是不一样的；二是先放后收，使对方难以讨价还价，只得照办。

日本大银行不允许职员留长发，因为留长发会给顾客留下颓废和散漫的印象，有损银行的形象。

有一次，一家银行的经理和人事部主任接见一批经过笔试合格的考生，发现其中有不少留长发的男子。为了让这些留长发的考生都剪短发，人事部主任在致辞时，没有正面提出要求，而是充分运用了他杰出的口才和幽默感，只说了几句话，便使留长发的考生愉快地接受了他的意见。他是怎么说的呢？

人事部主任留着陆军式的短发型，他说："诸位，我对于头发的长短问题，历来持豁达的态度，诸位的头发长度只要在我和经理先生的头发长度之间就可以了。"

众人立即把目光投向经理，只见经理先生面带笑容站起来，徐徐脱帽——露出了一个光头。

幽默的艺术

　　人事部主任使用的就是欲擒故纵法,他的本意是要求考生们都留短发的,但他却不直接说出来,而是故意表现出一种豁达的态度,来表现自己的要求似乎并不高。

　　表面上看来,银行对于头发长短问题历来持"豁达的态度",好像是"纵",实际上,"诸位的头发长度只要在我和经理先生的头发长度之间就可以了",却是"擒"。他是用不同的词语表达了同一个概念。以退为进又称为欲擒故纵的战略战术之一。

　　"以退为进"是军事上的用语。暂时退让,输赢未定;伺机而进,争取成功,这就是一种欲擒故纵的策略。谈判也如打仗一样,亦是互相交锋,争斗激烈。有时要继续谈下去,有时则要暂时休会;有时要据理力争、讨价还价,有时候,即使双方都做了许多让步,但谈判立场仍有很大差距,似乎谈判已钻进了死胡同。在确信谈判双方有许多共识,并且主动权在我方手里时,便可以采用以退为进的方法,逼迫对方答应我方条件。当然,这需要谈判者运用娴熟的口才技法,以免对方识破我方计谋。

　　如果你是对的,你坚持自己的观点,并想说服别人接受,那么你最好试着以一种温和、幽默、豁达的态度和说话技巧来达到目的。退一步实际上可以让你进两步,这就是以退为进的高明之处。

　　社会上就是有许多人并非为了意见统一去反对,而往往是意气用事,强硬说服,为反对而反对。若有一方能稍做让步,对方也许就会不再反对从而使气氛缓和下来。

创造独特，让幽默推动销售

销售已经成了发展企业、促进经济的最重要的业务之一，有销售就必须提及说服力。能够将自己的产品成功地销售出去，离不开高水平的说话，确切地说是独特的说服力。当把幽默元素融入说服中的时候，谈成业务就不会再是难事。

在日趋激烈的销售战场上，一个销售员如果没有巧舌如簧的幽默口才，将很难拨动客户购买的心弦，从而在残酷的商战中立于不败之地。交易的成功往往是幽默口才的产物。

著名的销售大师原一平说："我之所以被人称为推销之神，可以归功于我的谈话技巧。我觉得谈话技巧非常重要。"他认为在约见客户的过程中，设法打开沉闷的局面，创造一个融洽和谐的气氛是十分重要的。只有在这样的气氛下，生意才可能成交。而要达到这一点要求，推销员必须注意谈话的技巧，发挥自己幽默、亲切的特点。

下面是原一平曾以"切腹"逗客户笑，从而拉近两人关系的故事。

有一天，原一平拜访一位客户："你好，我是明治保险公司的原一平。"

对方端详着名片，过了一会儿，才慢条斯理地抬头

幽默的艺术

说:"几天前曾来过某保险公司的业务员,他还没讲完,我就打发他走了。我是不会投保的,为了不浪费你的时间,我看你还是找其他人吧。"

"真谢谢你的关心,你听完后,如果不满意的话,我当场切腹。无论如何,请你抽出点时间给我吧!"原一平一脸正气地说。

对方听了忍不住哈哈大笑起来,说:"你真的要切腹吗?"

"不错,就这样一刀刺下去……"原一平边回答,边用手比画着。

"你等着瞧,我非要你切腹不可。"

"来啊,我也害怕切腹,看来我非要用心介绍不可啦。"

讲到这里,原一平故意让表情突然由"正经"变为"鬼脸"。于是,客户也忍不住和他一起大笑起来。

无论如何,总要想办法逗客户笑,这样,才可以提升自己的工作热情。当两个人同时开怀大笑时,陌生感消失了,成交的机会就会来临。

"你好,我是明治保险公司的原一平。"

"哦,明治保险公司,你们公司的业务员昨天才来过,我最讨厌保险,所以他昨天被我拒绝了。"

"是吗?不过,我总比昨天那位同事英俊潇洒吧?"

"什么,昨天那个业务员比你好看多了。"

"哈哈……"

善于创造拜访的幽默气氛，是优秀的推销员必备的。只有在一个和平、欢愉的气氛中，客户才会好好地听你推销产品。而这种气氛完全是靠推销员高超的谈话技术来创造的。

不过，在现实中有不少人对此存在一个认识上的误区，在他们看来，幽默的语言表达能力就是讲话如长江之水，滔滔不绝，事实上并非如此。判断一名销售人员是否具有好的语言表达能力，要从他所谈论的话语是否具有说服力上来分析。销售的主要目的是说服，说服力的强弱是衡量销售员销售能力强弱的标准之一。有的销售员滔滔不绝，不但不能说服客户，还有可能引起客户的反感。而有的销售员看似木讷、呆板甚至说话结巴，却能一语中的，使客户买得开心。因此，真正的说服是需要幽默技巧和表达艺术的。

作为一名销售人员，想要客户心甘情愿地从腰包里掏钱购买你的产品，必须掌握说服的技巧和艺术。将自己产品的独特卖点以及其他足以让客户欣赏的优越性展现给客户，让客户对你和你所销售的产品心服口服，这就需要专业销售人员不仅对自己产品的优越性、客户的心态等了如指掌，更要有外交家一般的幽默好口才。

为了拥有外交家般的幽默好口才，很多优秀的销售人员都会有这样几个方面的建议。

1. 广闻博识

他们认为只有懂得多了，脑子里才有内容，才不至于词穷。一个优秀的销售人员不但要对自己的产品了如指

幽默的艺术

掌，在向客户介绍产品时口若悬河，还要了解各方面的知识，这样才能在谈判陷入僵局时有其他话题，以缓和紧张局面。

2. 自觉训练

只做到广闻博识还是达不到拥有一个幽默好口才的要求。有些学富五车的人虽然懂得不少，却是茶壶里煮饺子——肚里有货倒不出。一个杰出的销售人员还要经常有意识地多说话，说好听的话，说让人开心的话，说让人心悦诚服的话。只有经常自觉训练了，才会在面对客户时，临场发挥得好。

自觉训练时，可以每天看一些漫画书，听一些相声、小品，挖掘其中幽默的表达力与表现力。

3. 以理服人

懂得多了，会说了，便要做到以理服人，而不是强词夺理。否则，人家虽然说不过你，也只会口服心不服，达不到营销的目的。要做到以理服人，首先要求你自己要明理，要在说服别人前做好充分的准备，搜集与此话题有关的各种幽默材料。

4. 以情感人

与客户说话时，在自己的动作表情中要竭力避免焦躁、着急的不良表情，要显得谦逊、积极、乐观，宜用幽默协商的语气，充满轻松的情感，让客户感到你不仅仅是向他卖产品，更是为了让他的生活更丰富、更幸福。你可以向客户问些有关他生活的方方面面，问他对产品还有什么意见，有什么想要改进的要求。一个成功的销售人员还会以对自己产品的骄傲与幽默的情感来感染客户使之对产品产生喜爱之情，进而产生购买欲。

从销售人员对幽默口才的重视态度就可以知道幽默口才的好坏决定着推销业绩，它就是推销行业的敲门砖、垫脚石。

幽默诱导，让对方说"是"

说服他人无疑就是要让他人给予自己一个肯定的答复——"是"。说服别人的最终状态是让他人与自己相互背离的观念融合在一起。然而无论是在商场、情场还是在职场，说服他人又何尝是一件易事。说服他人需要幽默口才，需要口才中的幽默智慧一步步地进行"诱导"。

有个日本小和尚聪明绝顶，他的名字可以说是家喻户晓。他最擅长的说服方式就是用智慧诱导对方说"是"，这位小和尚的名字就叫一休。

有一次，足利义满把自己最喜爱的一只龙目茶碗暂时寄放在安国寺，没想到被一休不小心打碎了。就在这时，足利义满派人来取龙目茶碗。

大家顿时大惊失色，不知所措，茶碗已被一休打碎，拿什么去还呢？

一休道："不必担心，我去见大将军，让我来应付他吧！"

一休对将军说:"有生命的东西到最后一定会死,对不对?"

足利义满回答:"是。"

一休又说道:"世界上一切有形的东西,最后都会破碎消失,是不是?"

足利义满回答:"是。"

一休接着说:"这种破碎消失,谁也无法阻止是不是?"

足利义满还是回答:"是。"

一休和尚听了足利义满的回答,露出一副很无辜的神情接着说:"义满大人,您最心爱的龙目茶碗破碎了,我们无法阻止,请您原谅。"

足利义满已经连着回答了几个"是"字,所以他也知道此事不宜再严加追究了,一休和尚通过自己聪明的头脑和机敏的幽默,帮助自己和安国寺安然地度过了这一难关。

诱导劝说术是幽默说服中最具笑点的幽默口才,它借助引诱对方于无形的特点,让对方在不知不觉的情况下陷入语言的"陷阱"。也就是说,在说服过程中,我们可以先巧设陷阱,让对方在没有防备的情况下,诱其说"是"。对方在不知不觉中会一步步坠入圈套。这时候你就牵住了他的"牛鼻子",对方不得不跟着你走。毫无疑问,在整个说服的过程中,你已经掌握了主动的优势地位。

在幽默说服术中，诱使对方说"是"的方法主要包括以下几种。

第一，开头切勿涉及有争议的观点，而应顺应对方的思路强调彼此有共同的话题，从对方的角度提出问题，诱使对方承认你的立场，让对方连连说"是"。与此同时，一定要避免谈及让对方说"不"的话题。

一个人的思维是有惯性的，当你朝某一个方向思考问题时，你就会倾向于一直考虑下去，这就是有些人一旦沉醉于某些消极的想法之后，就一直陷入消极之中难以自拔的原因。

第二，促使对方说"是"的方法很多，但目的都是要以最简单的方式使对方不说"不"。当你与别人交谈的时候，不要先讨论你不同意的事，要先强调——而且不停地强调——你所同意的事。因为你们都在为同一结论而努力，所以你们的相异之处只在方法，而不是目的。

让对方在一开始就说"是，是的"。假如可能的话，最好让对方没有机会说"不"。

第三，当你向别人发问，你可以连续不断地追问下去，而最后使对方不得不说"好"。这是制造肯定气氛最高明的技术，也是让对方点头的一种妙法。

如当你看到某种东西，你先连续问对方五六次："它的颜色很漂亮吧？""它的手工很精细吧？""它的造型很完美吧？""它的……"让对方答出一连串的"是"之后，你再问他原先你想获得他肯定回答的问题，那他一定会说"是"。因为在此之前，他已被你催眠似的说

"是",很自然地,在回答你这关键问题时,他也会说"是"。

第四,当你向对方发问而他还没有回答之前,自己也要先点头。你一边发问一边点头,可以诱导他更快点头。因为你的行动和态度会诱导对方的行动和态度。所以只要善用此原理,就会更快地得到对方肯定的答案。

那么,如何才能诱导对方做出你所期待的行动和态度呢?关键在于你说话的语气和态度。诙谐的语气,加上幽默的态度,会让对方更加没有戒心地进入你的"圈套"之中。

间接说服,巧用语言的不同

下面一段话,是从罗宾汉教授所著的很受人欢迎的《心的形成》一书中摘录下来的,他根据心理学来指示我们为什么对他人进行直接的攻击方式而不会发生说服效力:

"这是我们常常感觉到的,我们并不费什么情感,或是遭遇什么阻力,就把原来的意见改变了。但是,如果有人明确指责我们的错误,我们立刻会对这指责产生反感,而且还使我们原本的主意更加坚决。我们的信念往往在不知不觉中形成,但是,如果有谁试图打破我们那种信念,我们就会十分坚决地以全力来保护它。

"如果你要表达一个与别人的意见相左的观点,特别是你要说服别人相信自己的观点并抛弃原有的意见,那么最好不要一上来就攻击说别人是错误的,而应该机智、幽默地表述自己的观点,然后把听众引到你的观点上来,从而使他们忘记原来的观点。"

因此,当直接说服显得没那么奏效时,巧用间接说服能增强说服他人的胜算。

有一次,一位经验丰富、久经人情世故的金牌推销员带着一位实习推销员外出销售收款机。虽然这位老推销员长得并不怎么样,但从他的身上你能时时感受到幽默的活力与乐观的朝气。所以,乍一看上去,他是个精气神十足的中年男人模样。

老推销员领着实习推销员来到了一家商店,商店的规模不大,老板对他们的到来也并不欢迎,甚至对他们冷言冷语道:"你们赶紧走,我对收款机没有半点兴趣,再说我现在不缺这东西。"实习推销员听到这,已经羞怯得恨不能找个地缝钻进去。可是老推销员并没有因为老板的这几句话而退却,反而哈哈地大笑了起来,貌似听到了一个笑话一样。老板被他的笑声弄得愣了一会儿,莫名其妙地看着老推销员接下来要做什么。

等笑过之后,老推销员调整了一下表情,满脸歉意地对他说道:"老板,请原谅我刚才失态了,只是您的态度让我想起了另一家商店的老板,他也对我这个收款机没有兴趣,可是后来由于他的收款机卡壳了,导致所有的钱都被监禁了起来,那老板才十万火急找我买下了收款机。呵呵,看来您家的收款机比较听您的使唤,不敢像他家的收款机一样擅自'罢工',这样看来,我到这里来确实是没

幽默的艺术

有意义的。"

实习推销员还在满脸窘相的时候,老板却突然哈哈大笑了起来,并最终同意买下一台收款机作为备用,防止在用收款机时罢工而产生不必要的麻烦。

这位老推销员用的就是间接说服的方式。他并没有因为老板的拒绝打击而感到气馁,也没有因为直接推销自己的产品质量有多好多耐用,而是通过反面的例子打动了老板的内心——如果自己的收款机也在突然间坏掉的话,岂不是会耽误自己的生意效率?

间接地使用幽默说服法,巧用每一个语言表达的不同点,将其幽默转化成通俗易懂的反向描述,说服他人就会变得更加轻而易举起来。

第四篇

幽默来调味,幸福家庭轻松有

第一章

一见倾心,幽默求爱打动芳心

接近异性,幽默是许可证

茫茫人海中,每个人都希望能碰上梦寐以求的"梦中情人"。如果在无意中碰到了自己心目中的另一半,我们该如何更好地去靠近他或者她?毕竟,太过冒昧的打招呼会惊吓到她(或他),但是不说话又不忍心就此放弃。在这个两难时刻,幽默搭讪是最可行的办法,因为幽默能够帮助你找到可进可退的说话余地。

有很多人,特别是男孩子不敢尝试接近自己喜欢的女孩,因为他们害怕会遭到女孩的拒绝。其实,几乎每一个女孩都会因被众多男士追求而感到自豪和骄傲。因此,鼓起勇气,以一颗幽默的平常心走向你心目中的那个漂亮女孩,勇敢地与她攀谈,你将有意想不到的收获。

男生:"同学,你应该要赔偿我吧?"
女生一惊,面露愠色道:"赔偿什么啊?"
男生说:"刚才我在那边的时候,被你的眼睛电到了，你应该要赔偿啊，作为一个有责任的大学生，尤其是一个成年人，应该为自己的行为负责任吧？"

于是女生笑了。

后来的结果表明，这样的男孩以幽默俏皮的语言轻而易举地获得了少女的芳心。其实，与异性进行幽默沟通并不难。幽默沟通遵循的原则关键有两条：一是采取肯定和亲切的态度，不要轻易向异性说"不"，因为这样较容易伤害对方的自尊心；二是要显得自信，不要一接触异性就显得紧张以至于不能坦然相处。当然，与异性幽默沟通时，相互尊重是必不可少的，否则将会带来不必要的误解。

曾担任过国务卿的美国五星上将乔治·卡特利特·马歇尔在他驻地的一次酒会上，请求一位小姐答应他送她回家。这位小姐的家就住附近，可是马歇尔开了1个多小时的车才把她送到家门口。"你来这儿不很久吧？"她问，"你好像不太认识路似的。""我不敢那样说，如果我对这个地方不太熟悉，我怎么能够开1个多小时的车，而一次也没经过你家门口呢？"马歇尔回答说。

马歇尔对那位小姐的巧妙回答隐含了"我想和你多待一会儿"的意思，幽默的趣味尽在其中。在制造好感之前应该要有充分的心理准备，让大脑处于活跃状态，以便于随时发挥。如果在与女士的接近中，心理活动不够稳定，

幽默的艺术

总是一副局促不安的状态，难免会产生不必要的窘态，幽默也就无从谈起。

在生活中，如果一个普通人遇上自己心仪的人，该怎么具体运用幽默呢？

首先，必须要有勇气，不能被漂亮女孩的傲气弄得手足无措；其次，要保持一颗平常心，无论她的脾气怎样，要让自己做好被拒绝的准备，大胆走近她与她搭话；最后，尽可能地利用一切可以捕捉到的线索与情景幽默一下，跟她开个小玩笑。但应该注意，异性之间开玩笑不可过分，尤其是不能在异性面前说黄色笑话，这会降低自己的人格，也会让异性认为你思想不健康。

幽默表白，恋爱"必杀技"

甜蜜而浪漫的爱情是人人都向往的，但是想要得到对方的爱并不是人人都能够做到的。有人把爱情看作一次冒险，因为往往要经历很多的挑战和挫折，才能赢得对方的爱情，也才能为自己和心爱的人经营一方幸福的空间。那么，如何才能巧妙而委婉地向心仪的人表达自己的感情，又如何才能让自己的爱情之路充满浪漫和温馨呢？答案是幽默的表白。这无疑需要智慧和能力的巧妙结合。

一个小伙子和一个姑娘从小就在一起长大，可谓青梅竹马。等到情窦初开的年龄，小伙子一直想寻找机会对姑娘表达爱慕之心。但是，小伙子有点忐忑不安，他不知道害羞的姑娘会对他的表白做何反应。一天，他终于灵机一动，想出了表明自己心意的方式。

他约心仪的姑娘出来，故作深沉地对她说："我心里一直有个秘密，你愿不愿意知道呢？"姑娘好奇地说："当然想知道了。"

小伙子说："我爱上了一个美丽的姑娘，她是我见过的最美丽的人，我已经爱她很久很久了。"

姑娘一听，心里不免有些紧张，着急地追问道："是哪个姑娘？我认识吗？"

小伙子说："你肯定认识的。我一直把她的照片视为珍宝，你也来看看吧。"

说完，小伙子就从衣服的口袋里拿出一个做工考究的小盒子，说："她的笑容已经深深地扎根在我的心里。"

姑娘赶紧拿过来打开，却发现里面根本不是照片，而是一个小镜子。姑娘正在纳闷呢，发现自己的脸就在镜子里，回过头来再看看小伙子，顿时明白了，害羞地笑了。

这个故事中的主人公就是马克思和他的夫人燕妮。马克思巧妙而幽默的示爱方式不仅向燕妮表明了自己的心迹，而且给心爱的人带来了出其不意的惊喜和幸福，为自己的爱情旅途增添了莫大的幸福感，开启了一生相依相偎的幸福旅程。

幽默的表白能让你更轻易地打动异性的心窗。当然，世界上不存在固定的表白方式，适合自己的方式才是最好

幽默的艺术

的。一些人豁达、直率,他们的表达方式就简洁明了;一些人内向、谨慎,他们的表达方式就含蓄、内敛;更有人感到底气不足,因此不敢轻易向对方表白,担心遭到对方的拒绝。其实,如果能够用幽默的语言来表明自己的心迹,不仅能够为你的感情增添很多浪漫,也能够避免有可能遇到的尴尬,何乐而不为呢?

国外一位知名演员一直因为难以表达自己对心上人的爱慕而感到苦闷。一天,他绞尽脑汁终于想出了用巧妙和幽默来表达自己心意的方式。他约姑娘到公园里散步,周围不时有满头银发的老年夫妇相互扶持着走过,他指着他们问姑娘:"你愿不愿意和我一起成为他们呢?"姑娘看着那些恩爱的老年夫妇,会意地笑了,羞涩地点了点头。

巧妙而幽默的示爱方式对于那些性格内向的人来说,无疑是一支感情的试探棒,能够含蓄地向对方表露自己的爱意,而且能舒缓自己紧张的情绪,同时也为感情营造了浪漫而温馨的氛围。

这里所谓的幽默,并不是一些低级趣味的笑话,也不是故作夸张的表演,而是运用一个人的智慧与情趣来恰如其分地表达自己的真情实感。当你用幽默的元素来经营自己的爱情生活时,你会发现两个人的感情世界充满了惊喜和浪漫,对方会被你的风趣和聪明才智深深地打动,最终被你俘获。而且幽默还能够化解万一遭到拒绝的尴尬,即使有可能令人难堪的境况也会很轻易地被改变。因此,学会用幽默来调整恋人间的感情生活，也是一门耐人寻味的学问。

自然幽默，滋生爱情火花

爱情是心与心的吸引，是情与感的碰撞。爱情是生命中最为温暖的一缕阳光，是人生旅途上最为迷人的一枝花朵。爱情的芬芳，让人浮想、惹人追求。在茫茫的人海中，不经意的回眸，或者不小心的擦肩而过，或许都会引起缘分的萌动。开始一种缘分，赢得一份真情，我们需要真诚，更需要一份自然的幽默感。

爱情需要将感情作为基础，但这并不说明爱情与说话能力毫无关系。谈情说爱着重于"谈、说"二字。尽管幽默的力量不会让别人对自己一见钟情，但是它对感情的默契起到了升华的作用。无数的事实证明，男女之间从互相怀有好感，到长出感情的幼芽，到它健康地生长，再到开出花朵、结出果实的过程，浇灌幽默语言之水是其中一个重要的因素。

小伙子："我很害怕你。"

姑娘一听，非常纳闷地问："我有那么可怕吗？"

小伙子："因为我一见到你就魂不守舍，你不在我身边的时候，就把我的灵魂都带走了，让我每分每秒都在想念你。"

幽默的艺术

姑娘听到小伙子这样说,脸一下子红了起来,对小伙子滋生了说不出的好感。小伙子用这种幽默的方式,巧妙地表达了对姑娘的热烈爱意。

良好的幽默素养有利于感情的表达和交流,有利于帮助人们更好地掌握爱情几个阶段的"火候"。如果我们能充分发挥幽默的作用,我们的爱情世界将会妙趣横生。不论是在情感进展顺利时说的甜言蜜语,还是在磕磕碰碰时开出的玩笑,幽默总能成为情感世界里的乐趣,化干戈为玉帛。假如幽默素养低下,有"情"不能谈,有"爱"不能表,久而久之,已萌发幼芽的爱情便会枯萎。

小青交上了一位胆怯、寡言的男朋友。他常去找她,很想接近她,但又没有勇气向她求爱。小青喜欢他的诚实,但又清楚地知道他的弱点。一个月亮当空的夜晚,万籁俱寂,他和她在小河边的柳树下坐着。为了打破僵局,小青想法要给他一个亲近的机会。

小青:"有人说,男子手臂的长度等于女子的腰围,你相信不?"

男朋友:"你要不要找根绳子?"

"谁要你找绳子!"小青生气地责怪。

"你不是要量腰围吗?"男朋友突然冒出一句幽默的问话。

谁料想,正是男朋友这句冷不防的幽默让小青一下子没有了生气的方向。

有趣的幽默口才能够赢得一份真挚的爱情，而拙劣的语言表达与理解思维，会断送掉一份难得的爱情。爱情需要幽默的调节，拥有幽默的人是聪明的，拥有幽默浇灌的爱情是亮丽和美好的。

礼貌幽默，距离成就美感

女士大多善于表达，谈话的需要比男性强，但这种需要大多出于感情的满足，所以女性交谈时容易忘记正事、正题，这就需要男性及时将话题转到要谈的事情上。男士要充当"谈话"的引导者，否则会使交谈变得漫无边际。

女性的观察力很强，但她们对具有逻辑推理的幽默语言有时反应要慢一些，她们得慢慢地理解、消化。所以第一次与她说话，尽量不要用一些夸张语言和俏皮话，否则容易产生误解。比如，"你今天的发式真漂亮，连白云见了都会躲起来"，这样的话让女士听到马上会敏感地同"白发""乱发"联想，而不会联想到"秀发如云"。

女士大都喜欢听赞扬的话，但赞扬不可太露骨，要含蓄一些。对于那些年轻貌美、性格开朗的女性，可以赞扬她容貌靓丽，如"你长得真漂亮，很清纯"。对那些内向性格的女性，不可直接赞扬，而应委婉地说："你很文静，也很漂亮。"否则你会被认为"不正经"、轻佻。对相貌平平的女士，则可以称赞："你很有气质，一看便知

幽默的艺术

是一名知识女性""一看你就能感到你是一个善良纯朴的女性"。这样说对方会感到非常高兴。

所以,男士若要博得女士的好感,在交谈中一定要了解她们的心理,注意男女有别,一定要保持应有的距离,而不能把男人圈里的东西随便搬过来。否则,男士或许会因为某些不恰当的话题而被女士的幽默机智搞得很尴尬,这绝对不是个案。

一个男子在火车站候车,看见坐在身边的一位女士风韵照人,穿着一双很好看的丝袜,便凑上前去搭讪。

男子:"你这双袜子是从哪儿买的?我想给我的妻子也买一双。"

女士:"我劝你最好别买,穿这种袜子,会招来不三不四的男人找借口跟你妻子搭腔的。"

女士的回答再简练不过,分量却极重,直说得那位男子面部肌肉痉挛。在前后一问一答中,虽然话题同为一个——袜子,但是,这位女士从中寻到一个一词双关的进攻点,即如果你的妻子穿上这种袜子也会惹来不三不四的男人搭腔,让那位或许有点居心不良的男士下不来台。

女子一般不会轻易拒绝别人,而往往用沉默、注意力转移或假装没听见的方式来表示婉转推辞。如果我们遇到对自己不利的搭话,应立即结束交谈,或者转移话题。

另外,在某些场合,总有一些男士说一些"荤"笑话，然后问女士："你一定能了解吧？"或者说："你自己会如何做呢？"其实，在一些场合开黄腔实在是不明智的做法。大多数说黄色笑话的人往往会成为下流不堪的人的代表。说黄色笑话很容易造成对方的尴尬，弄不好还惹上"性骚扰"的罪名，得不偿失。

因此，在与女士尤其是与自己心爱的女孩子在一起交谈的时候，幽默话语应该要有礼有节，这样才能给对方留下好的印象。

获取芳心，一句幽默搞定

男人吸引女人的往往不是外表，而是智慧。拥有智慧的男人可以增加求爱的成功率，因为幽默是一个男人拥有智慧的展现。

在近年的调查研究中，越来越多的女孩子已经把幽默作为择偶的条件之一。幽默，意味着我们和另一半拥有着同一个世界，并且能共同对付世界之外的纷扰。求爱中，适当讲些幽默的话语，或用些幽默的小笑话，能消除两个人之间的紧张、拘束，使双方自然、愉快地相处。

电影《人到中年》有一段描写恋爱的傅家杰和陆文婷的对话。

"你喜欢诗吗？"傅家杰问陆文婷。

"我？我不懂诗，也很少念诗。"陆文婷略带嘲讽地

幽默的艺术

说,"我们眼科做手术,一针一线都严格得很,不能有半点儿幻想的……"

"不,你的工作就是一首最美的诗。"傅家杰打断她的话,热切地说,"你使千千万万的人重见光明……"

开始时,傅家杰以"诗"为话题问姑娘,没想到产生了揭短之嫌。姑娘用嘲讽的口吻反击对方,眼看交际就要受阻,傅家杰立即抛开她不懂诗的问题,转而对她的工作进行赞美,沟通了情感,获得了心爱姑娘的爱。可见,幽默的语言能够获得女性的原谅,再次获取女性的芳心。

有一对青年男女在别人的介绍下互相认识了。只是在初次见面的时候,姑娘对小伙子很是不满,因为小伙子比姑娘还矮半头。于是姑娘就很不耐烦地对小伙子说道:"难道看到自己老婆比自己高就不会脸红吗?"

小伙子没有生气,反而不温不火地回答说:"长颈鹿倒是很高,可是那又有什么用呢?何况结婚过日子重在两颗心之间没有落差啊。"

小伙子轻松的一句幽默话,就把姑娘完全逗乐。姑娘对他的身高变得不再那么计较,因为她看到了这位小伙子的智慧。恰恰因为小伙子智慧的幽默让两个人的交往得以继续下去。

有智慧的男人总是会将自己的优点放大,而缩小自己的缺点,对女孩的喜好心理甚是了解。常言说得好,"女人的心，天上的云"。确实，女人的心变化多，让人捉摸不透，使大多数追求者无从下手、错失良机，或半途而废、功亏一篑。作为恋爱期间的男人，应多懂一点女人的心思，运用高超的技巧，抓住女人的芳心，巧用一句幽默话就可以摘到诱人的爱情之花。

巧妙拒绝，让他知难而退

约会是男女开始真正意义上的恋爱的标志，所以，接受别人的约会请求也意味着接受别人的求爱。对于不愿意接受的示爱者，我们首先应该拒绝与其约会，不能因为一时心软而使对方误会，导致真正明确两人关系时牵扯不清，给对方造成更大的伤害。拒绝约会就要求我们一方面要把握说话的分寸，不伤害对方的感情；另一方面要表明心意，断绝对方再次邀请的念头。

找各种各样的幽默借口来推搪约会，使对方体会到拒绝之意。上课、加班、身体欠安、天气不好……这些都可以成为拒绝约会的好借口。在搬出这些借口的同时，可以有意地露出破绽，让对方从借口的不严密性中明白你是在有意敷衍。此外，也可以以幽默的方式暗示自己确实不愿意与对方交往。总之，借口不能找得太严密、太合乎情理，不要让对方误认为你是受制于客观原因而不能赴约，从而建议把约会的时间推至以后，令自己再次处于被动局面。

幽默的艺术

有一位热情的小伙子向一位美丽的姑娘表达了自己的爱慕之情,但是这位美丽的姑娘并不喜欢这位小伙子。

在小伙子真情告白完之后,姑娘问道:"你真的很喜欢我吗?"

小伙子说:"当然了,我保证自己是真的喜欢你,我对天发誓……"

姑娘问:"那你有什么证据可以证明你爱我呢?"

小伙子热切地说:"我的心,我有我这颗真诚的心可以证明。"

姑娘笑笑,说道:"呵呵,真的很对不起,你是唯'心'主义者,而我是典型的唯'物'主义者啊。唯心主义者和唯物主义者怎么能够在一起呢?"

小姑娘明明知道小伙子说的"真诚的心"和哲学名词上的"心"不同,但是小姑娘"知错犯错",机智地将小伙子的那颗"真诚的心"说成了是唯心主义,然后通过自己的唯物主义思想立场,将拒绝巧妙委婉、幽默地表达了出来。

在这则恋爱拒绝案例中,我们可以发现拒绝言谈在一种因素的加入下会更容易让人接纳,那就是幽默。无论是义正词严地拒绝还是委婉地拒绝,拒绝者都是巧妙地从对方的话语里找到拒绝的理由来源。拒绝者的聪明之处就在于此——即使我拒绝了你,那也是因为你的表现不够充分。

能够得到别人的爱是一种魅力，能够巧妙地拒绝一份自己不情愿的爱更是一种魅力。在拒绝时，如果加入了幽默的推辞，就会使自己的拒绝更加容易被对方接受。

第二章

婚姻平淡，幽默调味保鲜爱情

没有幽默，爱情就会很平淡

一份成功的爱情应该具备两个基本要素：一个是有缘能够相见，另一个则在于恋爱说话技巧的应用。人的爱情需要适当的幽默。幽默有一种神奇的魔力，它能调剂心情，使关系和谐。没有幽默，拥有再多，内心也往往会感到空虚和失落。

一心一意把精力放在工作上的爱迪生，每天在实验室中忙碌，很少注意到生活中的琐事。就在他母亲去世两年后，朋友们看他的生活实在是太贫乏无味了，除了工作还是工作，于是就提醒他该给家里找个女主人了。

爱迪生将这件事记在心里，其实他并非没有意中人，助理玛丽不但聪明、勤劳，而且人也长得很漂亮，个性又很温柔，并且善解人意。可是，因为是工作上的伙伴，接触太频繁了，他反而不知该怎么表达。

有一天，爱迪生的心情似乎很好，在实验室里和同事们有说有笑,他忽然对玛丽说:"我要娶你。"

玛丽听了,以为他又在开玩笑,于是回答:"哦,那当然好啊。"

玛丽说完了根本就没当回事,谁知爱迪生第二天就带来了戒指套在玛丽的手上。

玛丽惊呆了,没有想到爱迪生是认真的。她思考了一下,其实自己对爱迪生也是有爱意的,只是他从不表达,自己也无可奈何。

玛丽接受了爱迪生的求婚,两个星期之后,两人就步入礼堂了。

在婚礼的宴会上,爱迪生幽默地对朋友说:"这次的实验完全没有准备,虽然违反了实验程序,但竟然成功了。"

如果爱迪生把求婚史直接解说出来,朋友会听得很肉麻。但是,事实却如此幽默有趣,让大家避免了一场乏味沟通的劫难。再如,女友带你去了她家,见到了她的父亲,她也许会问:"你喜欢我爸爸吗?"如果你千篇一律地回答:"喜欢,他老人家很慈祥。"那就索然无味了。但你要是换一种方式,幽默地说:"这就要看他是否同意我早点娶你了。"这句话不但别具趣味,而且不失时机地表达了对女友的爱,女友肯定爱从心来。

对心仪的人说出内心的爱慕,有时会遇到稍稍复杂的情况,这时候就需要一点小技巧来增添情趣。大文豪托尔斯泰深谙此中道理。

 幽默的艺术

托尔斯泰年轻的时候喜欢上了一位名医的女儿,可是一直都不敢对她表白,他时常到名医家中做客,这和善的一家人对他印象也都很好。这家人都以为托尔斯泰对他们的大女儿有好感,所以就尽量撮合他们,但谁也没有想到,他喜欢的其实是他们家的小女儿索菲亚。

有一天,托尔斯泰参加中医家中所举办的一个派对,当其他人忙着跳舞、谈天时,他将名医的小女儿拉到一个角落里,说要和她玩猜谜,他用粉笔在小桌子上写了一些字。

他指着每个字的第一个字母对索菲亚说:"请你将每个字的第一个字母拼起来。"

当所有的字母组合起来,这句话是:"我爱的是你,不是你姐姐。"

索菲亚羞红了脸,点头接受了他的爱意。

在追寻爱情的沟通中并不一定要很直接的表达,有时用些有趣的方法间接表达出来,反而能够触人心弦,营造出很别致的气氛。用点儿心思,不管是含蓄也好,轰轰烈烈也罢,生动的表达,绝对会对你的求爱有加倍的效果。不仅如此,多年之后,彼此回想起来,也别有一番滋味。

风趣的回击,好过横眉怒目

人们都清楚,微妙的男女关系里,有不少玄妙的心理

因素支配着，要是能巧妙地掌握和运用这些因素为自己服务，你将战无不胜。而这里所说的技巧就是幽默。

街上一位十分漂亮的姑娘吸引住了一个小伙子的眼球。于是，姑娘到哪儿，他就跟到哪儿。姑娘发现后，停住脚问："你老跟着我干什么？"

"你太漂亮了，我喜欢你。"小伙子羞涩地答道。

"我有什么可吸引你的？"姑娘问。

"你就像一朵盛开的鲜花。"小伙子说。

"瞧你这个丑样，像个甲壳虫，我不会看上你的。"姑娘说。

"不，你说错了，我像只蜜蜂。"小伙子平静而幽默地说。

姑娘被小伙子的一句幽默话逗得哈哈大笑，对小伙子的好感顿时倍增。小伙子也因为自己的幽默而具有了接近女孩的机会，女孩答应了他的约会请求。

在感情的追逐中，风趣的回击往往比横眉怒目要技高一筹。

另外，由于男人有保护、支配女人的愿望，同时对于容易获得的常漠然视之，而对不易到手的却有着憧憬的倾向。女性若想巧妙控制男性这一心理，在情侣相处中借助实用效果极佳的类比幽默法是再好不过的了，因为这样可以吊足男人的胃口。

幽默的艺术

女朋友:"我得告诉你,今天我接吻了五次。"
男朋友:"什么?你说你今天是第五次接吻了?"
女朋友:"是!"
男朋友:"还有四次,是谁?"
女朋友(故意停顿一下):"苹果、橘子、蔷薇、姐姐的孩子。"

这里的幽默之趣就出在那不相称的排列上,女朋友一时把男朋友的心搞得七上八下,会让他永远记住这一次的爱情之吻。

恋爱中,操作类比幽默法时,要注意将智慧和超脱精神结合起来,因为我们的智慧能帮我们选择多种类比对象,而我们的超脱精神则能保证我们不受一些不合理或常规思想的束缚。当我们使用幽默术时,不妨参考一下前人在这方面所留下的经典范例,从中可以学到不少经验。

常说幽默话,让爱情天天保鲜

恋爱能够使人的生命焕发出甜蜜的光芒,而恋人的微笑就是飘在甜蜜中的芬芳。如果说爱情是生命中的一股春风,那么幽默的言语就是不断向空气中散发香气的玫瑰花。

幽默话能增进爱人间的感情,让爱情的营养保鲜。

男孩和女孩在同一座城市的两个学校读书。这次正碰上期末考试，两人都在紧张地准备。一天，女孩给男孩打电话说道："我的《大学英语考试指南》急用，你送过来好吗？"

狡猾的男孩装作病恹恹地说："我也想给你送过去，可是我生病了，还病得不轻啊。"

女孩一听就紧张起来："你怎么了？要不要紧？"

"唉，我得了一种很严重的病，叫相思病。"

女孩的眼泪在眼眶里打转，有一点生气，但更多的是激动。从此，两人的感情更好了。

男孩借助相思病的诙谐式撒娇，让女孩深刻体会到了他的深情厚谊。幽默不仅可以是恋人之间的情趣，也可以是一种感动。

在爱人、夫妻之间，一句表情严肃的"我爱你"固然不可少，但用幽默方式表达爱意也不失为一个好方式。喜欢幽默似乎是人的天性，如果爱能时不时地用幽默表达出来，对方感受到的，不仅是逗趣，更是一片真情。

有个小伙子抄了一首诗赠送女友："生命诚可贵，自由价更高；若为爱情故，两者皆可抛。"

女友说："这诗抄错了。"

小伙子说："没错，就要这个意思。"

女友问："什么意思？"

幽默的艺术

小伙子:"你若不爱我,我就不要命了——自杀;你若爱我,我就不要自由了——随你管制。"

这样的"曲解"很幽默,表达的爱情也够强烈,女友听了能不心动吗?

沐浴在爱河中的人的字典里,没有老套的字眼,更不会惧怕幽默的洗礼。幽默在爱情的故事中,是一种剧情需要,这种剧情的需要让爱情更加缤纷绚烂、多姿多彩。

莎士比亚说过:"你有舌头吗?如果你不能用舌头博取女人的心,你就不配称为男人!"示爱很有可能决定你一生的爱情归宿,它是一件十分严肃而又颇为困难的事,因此,你有必要费一番心思和口舌来把这件事做得漂亮、成功。

幽默的情话,增添恋爱情趣

情话或许在别人看来是一种矫情,但是,幽默的情话便是一种情趣了。幽默无处不在,谈恋爱也同样如此。情人间时不时地来点小幽默,不仅能加深彼此之间的感情,还能让二人世界更加五彩斑斓。

小伙子:"认识你是我这一生最大的幸福,你简直是我黑暗中的电灯泡……"

姑娘把小伙子推开,说:"去,你给我离远点。"

"你这是干吗呢？"小伙子有点摸不着头脑。

姑娘："既然我是电灯泡，那你小心触电。"

一句"小心触电"，在打趣之余，更有一种撒娇的意味。恋人之间，总会发生一些不愉快的小插曲，如何巧妙地化解这些"意外事故"，取得对方的原谅呢？

谈恋爱，偶尔来个幽默就像变魔术一样，总是那么令人心驰神往，令人迷醉。散发着机智的甜言蜜语，能令你在恋人面前充满魅力。

女友听说最近男友状态不是很好，做什么事情都心不在焉，所以就想安慰一下他。

女："亲爱的，听说你最近工作不是很顺利，没什么效率，是不是没用什么心思，心跑哪里去了呢？"

男："问我的心跑到哪里去了，你还真是健忘，你忘了上回我们约会的时候，你已经叫我把心交给你了啊。"

男孩话锋一转，便转到了另一个话题，不仅表达了对爱人的那份在乎，让对方感受到自己的重要，同时也巧妙地回答了她的问题。我们知道，幽默的言谈是爱情中最丰富的话语，在无形中便自然而然地增进了彼此之间的感情。

女："你在看什么呢？老盯着我。"

男："你的眼睛。"

幽默的艺术

女："你这样盯着我看已经不止一次了吧？"
男："你知道这是为什么吗？"
女："不知道，为什么啊？"
男："因为你眼睛里有我。"

这样的甜言蜜语，能不让女孩子动心吗？我们总说，恋爱使人的生命焕发出甜美的光芒，而恋人的笑则是恋爱中甜蜜的芬芳。令恋人如沐春风的不仅仅是玫瑰花，还有你幽默睿智的情话。

平息争吵，需要适度的幽默感

俗话说，"谁家的烟囱都冒烟"。即使最恩爱的夫妻，也难免发生争吵。一般口角，吵过之后也就完了。但是，不加控制的争吵很有可能激化成更严重的矛盾，引出意想不到的坏结果。所以，夫妻争吵有必要控制好"度"，最好是要掌握一点技巧性的幽默度。

有的夫妻争吵，喜欢把过去的事情扯出来，翻旧账，历数对方的"不是"和"罪过"。这种方式很愚蠢。夫妻之间的"旧账"很难说得清。如果大家都翻对自己有利的那一页，不但无助于解决眼下的矛盾，而且还容易把问题复杂化，让新账旧账纠缠在一起，加深怨恨。夫妻争吵最好"打破盆说盆，打破罐说罐"，就事论事，不前挂后连，这样处理问题，才容易化解眼前的矛盾。

如果夫妻在争吵到一定程度的时候，一方能投之以幽默，则另一方也会还之以幽默，这样才能够将矛盾化解，让争吵平息。

一次，丈夫陪妻子上街买衣服，从早上逛到了晚上也没有买到合适的衣服。因为无论妻子试穿哪一件衣服，丈夫总显出一副心不在焉的样子，附和着说好看。疲惫不堪的妻子最后质问道："你这个人怎么能这么随随便便？"

丈夫看到妻子发火了，赶忙补救说："当初我也是这么随随便便就把你选上了，可是你挑中我却是经过精挑细选的啊。"

妻子听到这话，一下子笑出声来，怨气消退了一大截。丈夫巧妙地把自己的"随随便便"说成是妻子"精挑细选"的结果。不仅指出了挑中自己对妻子来说是件不容易的事情，也将妻子"精挑细选"的结果幽默了一把。

如果夫妻在争吵中，由于激烈程度过高，确实没有时间说幽默的话，也要注意语言的尺度，不能对另一半进行恶语攻击。俗话说，"小吵怡情"，适当的争吵可以让婚姻别具风味，没有争吵的家庭则是缺乏个性的拼合。但是，夫妻争吵应该建立在适度的幽默基础之上，应该建立在相互尊重的层面上。如果让争吵演化成为人身攻击，只会让婚姻逐渐走向崩溃的边缘。一般说来，夫妻双方十分清楚对方的毛病和短处。比如，对方存在生理缺陷，个子

小,不生育,或有过失足等。在平时,彼此顾及对方的面子一般不会轻易指出。可是一旦发生争吵,当自己理屈词穷、处于不利态势时,就可能把矛头对准对方的短处,挖苦揭短,以期制服对方。有道是"打人莫打脸,骂人不揭短",任何人都最讨厌别人恶意揭短,这样做只会激怒对方,扩大矛盾,伤及夫妻感情。

幽默自嘲,触动伴侣的心

自嘲运用得好,可以使交谈平添许多风采,如果用不好,会使对方反感,造成交谈障碍。自嘲要审时度势,相机而用,不宜到处乱用,比如对话、辩论、座谈讨论、调查访问等就不宜使用自嘲。此外,自嘲要避免用玩世不恭的态度。具有积极意义的自嘲,包含着自嘲者强烈的自尊、自爱。自嘲不过是当事者采取的一种貌似消极,实为积极的、促使交谈向好的方向转化的方法而已。

恰当的自嘲,在夫妻生活中同样具有十分重要的调节意义。

一位丈夫要出国深造,妻子半开玩笑地对他说:"你到那个花花世界,说不定会看上别的女人呢。"

丈夫笑了,调皮地说:"问题是谁看得上我呀。你瞧瞧我这副容颜,瓦刀脸,罗圈腿,泡大眼,招风耳,站在大街上怕是人家看都不看呢!"说得妻子开怀一笑。

丈夫的自嘲，隐含让妻子放心的意思。这比一本正经地发誓更富有诗意和情趣。敢于自嘲的人往往不失大家风范，这就是幽默的最高境界。自嘲运用得当，能够增添夫妻交往的情趣，促进夫妻之间和谐相处目的的实现。但是运用自嘲，绝不能消极沉落，更不能玩世不恭。

有一对老夫妻吵架后，彼此都不愿意先开口说话。在冷战了几天之后，先生已经忘记了两个人之间的不愉快，想找机会与老太太说上几句话，但老太太的记性太好，对老头子的不是依然记得清楚，依旧不愿意搭理他。

先生不知道如何是好，就在屋里到处乱翻了起来，看到老头子晕头转向地翻找，老太太终于忍受不住了，对老头子喊道："你找什么呢？至于把家里翻成这样吗？"

先生这才一拍脑门，说道："我不是已经老糊涂了嘛！没有老太太的记性好，要是没有老太太在身边督促着我，我就是这样一个没头没脑的样子啊，什么东西都找不到。"

老太太听到先生这么夸赞自己，着实高兴了一番。既然先生已经道歉了，自己也就没有理由一直摆谱下去。最后，老太太与先生重新和好。在整个和好的过程中，老先生对自己的幽默嘲讽，以及对老伴的巧妙称赞起到了不可置疑的作用。

对于已经结婚的人，都应当学会用幽默来保护自己的家庭。只要不是涉及原则性问题的重大分歧，善用幽默的

幽默的艺术

豁达来应对另一半的喜怒哀乐，才能使家庭生活保持在最佳状态中。

心怀意见，用幽默委婉地表达

生活中，人们一直爱开这样的玩笑，形容女人很会花钱，并爱迟到时说："我太太只有一件事会准时到，就是买东西。"

生活中，我们对亲人会有各种各样的看法，有时候是好的看法，有时候则是不好的看法。当我们对亲人有不好的看法时，如果直言不讳，言辞激烈，难免会伤害对方。如果能将话语制成"糖衣炮弹"，对有缺点的一方进行善意的揶揄和有节制的讽劝，以幽默的方式把意见传达给对方，那么就既达到了批评对方的目的，又增加了趣味的成分；既会使对方心甘情愿地改正错误，也不会伤害彼此的感情。可以想象，其收效肯定要比直言不讳强得多。请看下面这位丈夫是怎样巧妙地借机批评他的妻子对母亲不孝顺的。

妻子对丈夫说："我生了女孩，你妈妈说什么了吗？"

丈夫回答："没有，她还夸你呢。"

妻子认真地问："真的，夸我什么？"

丈夫一字一句地说："夸你有福气，将来用不着担心要看儿媳妇的脸色行事了。"

这位丈夫没有直接表达对妻子不孝顺母亲的不满，而是以幽默的方式道出。通过这种温和的批评方式，让妻子从一个母亲的角度来看这件事情，使她在回味之余，更容易接受批评并加以改正。

日常生活中，许多生活琐事往往会引发大的干戈，其原因之一是双方的话语中都缺少一种幽默的成分。如果在批评亲人的过错时能采用幽默的方式，那么你的批评就已经成功一半了。

妻子已经有两个礼拜没有打扫房间的卫生了。丈夫对妻子的懒惰和邋遢十分不满，就对妻子说："亲爱的，上星期你工作很忙，没有时间做家务，如果这个星期你仍然忙的话，我还可以替你再做一周家务。"

这样，就比严厉地指责妻子的懒惰与疏忽大意来得轻松一些，也更容易被对方接受。当然，懒惰的不仅仅是妻子。结婚后，家务事变得多了，有的丈夫很懒惰，即使工作不太忙，也不肯帮妻子。对此，妻子也可运用幽默讽刺丈夫。

妻子在厨房忙完以后，对久坐不动专等着吃饭的丈夫说："今晚的菜，你可以选择。"

"是吗？都有些什么菜？"

"炒土豆。"

"还有呢？"

"没有了。"

"那你让我选择什么啊?"

"吃还是不吃?"

妻子对丈夫的懒散很反感,却又不好直接对他进行批评。一句"吃还是不吃?",让丈夫自惭形秽。

幽默是一种灵活的表达方式,它可以明确而又温和地表达出我们对亲人的看法,让亲人平和地了解到我们的想法,重新审视自身,改正错误,弥补不足。

中和醋意,幽默是秘密武器

爱情是自私的,它要求对方的眼睛里只有自己。因此在爱情的世界里常常会出现闹情绪的状况,其大多数原因是吃醋。不管男人还是女人,"醋意"是人之常情。毕竟一个男人不会乐意自己的女朋友或者妻子跟别的男人亲密地走在一起,一个女人更是反感自己的另一半与别的女人眉目传情。

一对新婚不久的夫妇在街上手牵手地走着,突然迎面过来了一位时尚的漂亮女孩,老公下意识地多看了那女孩几眼,结果被老婆发现了。老婆的脸色顿时变得难看起来,质问道:"整天就知道看美女,也不怕把眼睛看歪了。"

老公看到老婆生气了，连忙解释说："老婆不要生气啊，我可不是在看美女，我是在帮你打探时尚流行风，看看你今年穿什么衣服最漂亮啦。"

尽管老婆还在生气，但是听着老公这么幽默的解释，也就不再追究。在婚姻世界中，两个人难免出现吃醋与生气的事情。这个时候不要当作什么都没有发生，也不要一味地放纵对方，要将自己的意见幽默地表达出来，双方的沟通对爱情的甜蜜幸福具有重要的意义。

一对夫妻本来是高高兴兴地去参观一家美术展览，可是当他们走到一幅半裸女像油画边的时候，丈夫却久久不愿意离开，甚至对着油画发呆。妻子看到丈夫的"魂不守舍"，气得不得了。

但是这位妻子比较聪慧，她怕直接发脾气会伤害老公的自尊，于是打趣地对老公说道："嗨，亲爱的，难道你要站在这里等着秋天掉落叶吗？"

妻子的幽默提醒让丈夫霎时间从看画的思绪中走了出来，并对妻子抱有歉意地笑了笑。因此，幽默不仅仅可以用来中和对方醋意，也可以用来表达自己的醋意。如果一方醋意萌生，却又装作坐视不管，只会加重自己的苦闷与烦恼。所以，聪明的幽默者总是能够运用幽默的智慧周旋于吃醋与被吃醋之间。

幽默的艺术

有一位妻子对自己的老公非常不满,因为她总感觉自己的老公太没有正形,见到漂亮的女孩就总是啰唆个没完。终于有一次,妻子忍不住了,她对老公抱怨道:"你怎么这么没有责任心,明明知道自己结婚了,还对漂亮女孩那么恋恋不舍啊?"老公却幽默地回答说:"你说的正好相反,因为我每次见到漂亮女孩的时候,最时刻谨记的就是我已经结婚这个事实。"

妻子听到老公的辩解后也没有再说什么,但是心里已经宽慰了许多。

总之,在夫妻生活中,对待喜欢吃醋的一方,应该学会借用幽默的口才力量来避其锋芒,巧妙退步,将对方的醋意消解,维护双方的感情。

有错改错,用幽默表达歉意

夫妻之间经常会有犯错的时候,俗话说,"人非圣贤,孰能无过",既然圣贤也会犯错,就更不要说常人了。犯错是正常的事,关键是犯了错误要如何去承认、如何表达自己的歉意。如果直接说对不起,不免让人觉得不够诚意,同时还会因放不下面子而显得尴尬。这个时候,不如试着用适当的幽默去表达自己的歉意。

一次,妻子因为有急事,所以出门忘记了封好炉子。

当她办完事回到家中，已经是晚上八九点钟了。她刚进门，就看到孩子趴在沙发上睡着了，她叫醒他之后，问他吃饭了没，孩子摇摇头说没有，她才发现因为自己的失误，炉火早就熄灭了，即使孩子想弄吃的也不可能。

这时，比她早回家的丈夫从卧室走出来，对她发火道："你真像个活死人，火都给你看灭了。"妻子对他的这种震怒表示理解，所以说："你别发火了，这个时候，再大的火，恐怕也点不燃炉子啊。"丈夫听妻子这样一说，火气也没有那么大了，但还是愤愤不平，说："你这个人啊，怎么能那么粗心呢？要是没有我，恐怕你只能到街头讨饭吃了！"妻子附和道："正是因为如此，我才不愿意离开你啊！"妻子说罢，丈夫也笑了，两人又和好如初了。

故事中的妻子不得不说是个贤良聪慧的人，面对丈夫的责备，她并没有反驳，也没有强词夺理，而是用小幽默表达了自己的歉意，最后也得到了丈夫的谅解，矛盾最终在幽默中融化了。

有一位年轻的妻子很早就下班回家了，但正巧丈夫下班后还有些事情要做，致使妻子在家等了很久。终于等到丈夫回来，她已经把闷闷不乐写在了脸上，丈夫跟她打招呼，她都没有理会。丈夫知道自己回来太晚，妻子生气也情有可原。于是他风趣地对妻子说："怎么了，是不是想我想得心烦了啊？"

幽默的艺术

一句简单的诙谐，就可以让妻子怨气消散。这位丈夫虽然没有说一句"对不起"，但他的幽默已经向妻子表明了自己知错的态度。

家庭生活中，我们如果犯了错误，要学会用幽默地表达自己的歉意，这不仅可以调节家庭的气氛，还可给家人带来更多的欢声笑语，增进彼此的感情。幽默是家庭矛盾的"净化剂"，是家庭生活的"润滑剂"，更是感情寒冷期的一件棉袄。

第三章

亲情挚爱，幽默表达让爱升温

亲情挚爱，幽默感是传送带

要营造两代人之间融洽和谐的关系，首先需要加强彼此之间情感的沟通和交流。有些父母想要在子女面前保持威严的形象，在生活中总是不苟言笑，更不用说向子女表达自己的爱了。事实上，父母应该常常利用诙谐的方式来表达对子女的爱。

苏联著名诗人米哈伊尔·斯维特洛夫是一个善于用幽默的方法来教育孩子的高手。

有一次，斯维特洛夫刚进家门，就发现家人慌作一团，斯维特洛夫的母亲正在打电话给医院请求急救。原来，斯维特洛夫的小儿子舒拉竟出人意料地喝了半瓶墨水。斯维特洛夫明白，墨水是不至于使人中毒的，所以用不着慌张，而这会儿正是教育舒拉的大好时机。于是，他轻松地问："你真的喝了墨水？"舒拉得意地坐在那里，伸出带墨水的舌头，做了个鬼脸。诗人并没有发火，他从

幽默的艺术

屋里拿出一些吸纸来，对儿子说："现在没有别的办法了，你只有把这些吸墨纸使劲地嚼碎吞下去了。"一场虚惊就这样被斯维特洛夫的一句幽默给冲淡了。舒拉原想以此成为家人的焦点，但是未能如愿。此后，他再也没有犯过这样的错误了。

长辈对晚辈除了运用平和的幽默方式，还能够运用一种"打是亲、骂是爱"的幽默方式，这里的"打是亲、骂是爱"并不是真打真骂，而是在笑骂中向孩子传达出自己的感情。

在里海大学读书时，美国企业家艾科卡在800多个毕业生中的名次是第11名。凭借优异的成绩，他在毕业后就被保送攻读了硕士，在硕士毕业后又成功地进入了福特公司。艾科卡的学业以及事业之路可谓一路绿灯。他的父亲尽管已经非常满意了，但是每每在见到他时，还总是会打趣地说："瞧，当初念书总考不上第一名的小笨蛋，现在感觉如何啊？"

父亲幽默的一句"小笨蛋"，体现了父亲对他深深的爱。父母对子女运用幽默的方式很多，体现的感情色彩也很多。但无论是出于赞美还是出于批评，幽默的本质还是为了凸显对子女的爱。

著名剧作家沙叶新幽默感极强,他的女儿也天生具有幽默细胞。还在童年时,她就对"女大不中留"这句话有过一番妙论:"我认为女大不中留的意思就是……嗯……就是女儿大了,不在中国留学,要到外国去留学。"不料,后来她果然去美国留学了。

沙叶新的女儿有一次回国探亲,她和父母谈起同在美国留学的弟弟,说弟弟想娶个黑人姑娘。母亲不由得大吃一惊。"妈妈怎么还有种族歧视?黑人女孩是黑珍珠,身材好极了,长得也漂亮。""我倒没有种族歧视,"沙叶新插话说,"我就担心他们以后给我养个黑孙子,送到上海来让我们带。万一晚上断电,全是黑的,找不到孙子那不急死我们。"女儿连忙说:"那没关系,断电的时候你就叫孙子赶快张开嘴巴,那不是就找到了。"在父女之间这场温情脉脉的唇枪舌剑中,父亲显示了他开阔的胸襟、年轻的心态和幽默的天性,而女儿更是青出于蓝而胜于蓝,她机灵的回答、狡黠的反击为久别重逢的父女增添了一份喜悦。

应该说,懂得用幽默来管束孩子的父母才堪称成功的教育家。父母应该多以这种幽默轻松的口气对孩子讲话,多创造一些其乐融融的气氛,使孩子从学校的刻板生活中解放出来。

幽默的艺术

幽默引导,亲子沟通更通畅

父母要让孩子敞开心扉和自己说话,首先就要知道孩子内心的秘密。而孩子内心最大的秘密一般是情感。因此,父母必须要掌握情感交流的秘方,多给予孩子思想的引导,用幽默的方式,走进孩子的内心世界,增强彼此之间的信任和感情。

作为孩子,如果遭遇了问题或烦恼,首先会求助于父母。如果父母不善于与孩子进行幽默交流,那么,从一开始就可能阻断了与孩子之间融洽关系的发展。

一个五六岁的孩子因为父母吵架,就撑着一把雨伞蹲在墙角。父母又求又哄,孩子都不理不睬。两天过去了,孩子体力极度衰竭。最后,他们请来著名的心理治疗大师狄克森先生。狄克森也要了一把雨伞在孩子的跟前蹲下了,他面对孩子,注视着孩子的双眼,向孩子投去关切的目光。终于,孩子在恍惚中震了一下,像沉睡中被闪电惊醒的人,狄克森继续与孩子对视。

孩子突然问:"你是什么?"

狄克森反问:"你是什么?"

孩子:"蘑菇好,刮风下雨听不到。"

狄克森:"是的,蘑菇好,蘑菇听不到爸爸、妈妈的吵闹声。"这时,孩子流泪了。

狄克森:"做蘑菇好是好,但是蹲久了又饿又累,我要吃巧克力。"他掏出块巧克力,送到孩子鼻子前让他闻一闻,然后放进自己嘴里大嚼起来。

孩子:"我也要吃巧克力。"狄克森给了孩子一块巧克力,孩子吃了一半。

狄克森:"吃了巧克力太渴,我要去喝水。"说着,他丢掉了雨伞,站了起来,孩子也跟着站了起来。

为什么会出现这种结果呢?原因就在于孩子对于友情、亲情的渴望。他们很在意自己的感情需求。然而,成人往往对孩子的这种情感需求很不在乎,这样,就会忽视孩子的感觉,对孩子细小的情感波动表现冷酷。这样一种对待孩子情感的反应方式显然不利于父母与孩子之间的情感交流。

事实上,孩子们最需要的,就是父母对他的重视,哪怕当时的实际情况不严重,父母也不能掉以轻心。或许在故事中的父母看来,孩子不应该因为他们的吵架而如此伤心,但是他们却不应该对孩子没有同情心。当父母看到自己的孩子处于这样的情况下,应该高兴孩子已经懂事了,应该给予同情的说导,让孩子不要担心,这种反应会使父母与孩子之间产生亲密的感觉。孩子的内心感受一旦被父母了解了,他的寂寞和情感创伤就会消失。父母对于孩子的了解是情感的良药,可以治愈孩子受伤的心。因此,要实现和谐美满的亲子交流,父母必须要学会情感交流的技巧,给予子女正确的思想引导。

幽默的艺术

父亲:"拉莎,为什么还不结婚呢?"
拉莎:"爸爸,我找了好几个男朋友,都不满意,等我再挑选一下。"
父亲:"你年纪不小了,可要抓紧时间啊。"
拉莎:"放心吧,爸爸,在人生的大海里,鱼多得很。"
父亲:"孩子,钓饵放久了,就没味了。"

父亲没有对拉莎的观点进行正面的评论,而是通过一句"钓饵放久了,就没味了"引导了拉莎的思想,让拉莎获益匪浅。

幽默的父母与孩子之间的关系是属于"双连关系",一旦"话不投机",关系就会弄僵。而用幽默沟通的方法则是一种至趣、至情、至理、至智的高级手段,双方都能接受。因此,父母应该尽可能多用幽默的方式来代替僵化、直接、乏味的沟通,让爱接近孩子的心灵,呵护着他们渐渐地成长。

和孩子沟通就应该把话语权留给孩子,而家长则需要以一颗童心幽默地引导孩子的情感需求。孩童时期,是一个需要关怀、需要鼓励、需要快乐的年代。幽默的引导,能让孩子在快乐与释然中学习到生活的美好。

幽默教育,触动孩子的活泼天性

家庭教育的方式多种多样,但总的说来,不外乎疾言厉色、心平气和、风趣幽默三种。家庭教育的本质在"教育"二字，无论哪一种教育方式，都离不开生活理念的灌输，但是不同的灌输形式产生的效果大不相同。疾言厉色的教育可以威慑孩子，但它容易让孩子产生对抗心理，是一种不得要领的教育方式。心平气和式的教育能使孩子体会到自己与父母在人格上的平等，但由于语言平淡，不疼不痒，无法产生持久的效果。

风趣幽默的教育能触动的是孩子纯真的心灵，因而更能在他们的心中留下不灭的印迹，使他们时刻以此警示自己。

当一家人正在吃饭的时候，儿子突然对爸爸妈妈发牢骚地说："人家外国人要比我们中国人强得多了，你看，我们吃饭总是要用两根竹筷子，而外国人都是用金属刀叉来吃饭，单单从分量上来说，外国人用的餐具比我们中国的重多了。"

父亲听到儿子这样说，本来非常生气——竟长他人的志气灭自己的威风。但是，儿子毕竟年纪还小，他便忍住了怒气，故作幽默地对儿子说："想要用分量重的餐具吃饭太简单了，来用这个吃吧，这个分量足够重了。"父亲边说边把一个夹炭用的火钳塞给了儿子。儿子顿时红了脸。

这位父亲对儿子的崇洋媚外思想没有进行直接的批评，而是通过幽默的曲意批评，让儿子领悟到了自己的错误。

幽默的艺术

在中国的传统家庭教育观念中，一般倾向于严肃与严厉的教育。在父母的眼中，棍棒底下才更容易出孝子。于是，好多的父母与孩子之间并不会建立良好的沟通。殊不知，最好的家教应该带一些幽默。幽默是父母与孩子沟通的最有效方式。与孩子之间的沟通交流如果是在妙趣横生的前提下进行，那么孩子会更容易接受父母的意见。否则，硬要让孩子接受父母的观点，只能激发孩子的逆反心理，造成亲子之间的关系不和。

一个5岁的孩子对武侠电视剧非常痴迷，甚至一个人在家天天模仿飞来飞去、打打杀杀的情形，对此妈妈非常担心。这天，孩子在商店里又看到了一支新式玩具步枪，于是缠着妈妈要买，妈妈不想纵容他，却又不能严厉批评，怕影响孩子的兴趣。于是妈妈心平气和地对孩子说："乖儿子，难道你忘记了现在是和平时期，和平时代是不能够轻易储存军火的，否则会让大家对你很生气的，也不会有人再喜欢你了哦。"

孩子若有所思地思考着妈妈的话，然后回答说："那我要乖，我不买手枪了，我要让大家都喜欢我。"

面对孩子的需求，这位妈妈没有反对儿子有自己的兴趣，也没有因为孩子的任性而发怒，她通过幽默的教导，得到了儿子的认同与支持。

孩子具有纯真的心灵，作为长辈，不要用成人的思想和理念去教育自己的孩子。在与孩子的沟通与相处中，多站在孩子的角度，多运用一些孩子喜欢的沟通方式，才会真正做到寓教于乐。那个时候，再顽皮、再固执的孩子也会转变的。

幽默夸赞，让孩子变"争气"

孩子的教育很重要，因为小时候的教育经历会严重影响孩子的性格、心智，进而影响到孩子的成长与失败。教育孩子，与孩子沟通要讲究语言技巧，要顾虑到孩子的心理感受。因此，从孩子们单纯、善良、自尊的特性出发，对孩子经常说一些明智的夸奖之词，帮助孩子建立起乐观、幽默、自信的心态，方能够成就孩子们美好的未来。

作为父母、老师、上司，经常会碰到"不争气"的孩子、学生和下属。这时应该怎么办，横眉怒对吗？这只会增加他的叛逆心理。比较好的一种办法是幽默地告诉他：你很优秀。人们多数时候需要的是激励，而不是责骂。

纽约布鲁克林的一位四年级老师鲁丝·霍普斯金太太，在新学期开学的第一天，看过班上的学生名册后，她对本该兴奋和快乐的新学期却心怀忧虑：今年，在她班上有一个全校最顽皮的"坏孩子"——汤姆。他不只是做恶作剧，还跟男生打架、逗女生、对老师无礼、在班上扰乱秩序。而他唯一的优点是：他很快就能学会学校的功课。

霍普斯金太太决定立刻解决汤姆的问题。当她见到她

幽默的艺术

的新学生时,她讲了些话:"罗丝,你穿的衣服很漂亮。爱丽西亚,我听说你画画很不错。"当她念到汤姆的名字时,她直视着汤姆,对他幽默地说:"汤姆,我听说你是个天生的领导人才,今年我要靠你帮我把这个班变成四年级最好的一个班。"在头几天,她一直强调这点,夸奖汤姆所做的一切,并评论他的行为,表明他是一位很好的学生。

令人惊奇的结果出现了,在霍普斯金太太幽默的夸赞之下,汤姆真的变了,他渐渐地约束了自己的行为,变成了一个好学生。

再看一下美国纽约州第一位黑人州长罗杰·罗尔斯的故事。

罗杰·罗尔斯出生在纽约声名狼藉的大沙头贫民窟,这里环境肮脏,充满暴力,是偷渡者和流浪汉的聚集地。在这儿出生的孩子从小逃学、打架、偷东西甚至吸毒,长大后很少有人从事体面的职业。然而,罗杰·罗尔斯是个例外,他不仅考入了大学,而且成了州长。

在就职的记者招待会上,一位记者向他提问:是什么把你推向州长宝座的?面对300多名记者,罗尔斯对自己的奋斗史只字未提,只谈到了他上小学时的校长——皮尔·保罗。

1961年,皮尔·保罗被聘为诺必塔小学的董事兼校长。当时正值美国嬉皮士流行的时代,他走进大沙头诺必塔小学的时候，发现这儿的穷孩子比"迷惘的一代"还要无所事事。他们不与老师合作，旷课、斗殴，甚至砸烂教室的黑板。皮尔·保罗想了很多办法来引导他们，可是没有一个是奏效的。后来他发现这些孩子都很迷信，于是在他上课的时候就多了一项内容——给学生看手相，他用这个办法来鼓励学生。

当罗尔斯从窗台上跳下，伸着小手走向讲台时，皮尔·保罗幽默而一本正经地说："我一看你修长的小拇指就知道，将来你是纽约州的州长。"

当时，罗尔斯大吃一惊，因为长这么大，只有他奶奶让他振奋过一次，说他可以成为5吨重的小船的船长。这一次，皮尔·保罗先生竟说他可以当纽约州的州长，着实出乎他的预料。他记下了这句话，并相信了它。从那天起，罗尔斯的衣服不再沾满泥土，说话时也不再夹杂污言秽语。他开始挺直腰杆走路，在以后的40多年间，他没有一天不按州长的身份要求自己。51岁那年，他终于成了纽约州州长。

孩子的心灵是脆弱的，却更是充满潜能的，简简单单的一句话可以毁掉一个孩子的人生，也可以成全一个孩子的未来。无论自己的孩子有多淘气、有多不听话，请不要总是严厉地批评，以免引起孩子的逆反心理。相反，在与孩子的沟通中，多给孩子说一些正面、积极、幽默的激励的话，会让自己的孩子充满信心，而主动进行自我约束。

幽默的艺术

与孩子幽默对话，切忌说八种话

父母与孩子的关系虽然亲密，但对孩子说话也不能随随便便。因为，父母是孩子的第一任老师，父母的言行无时无刻不在潜移默化地影响着孩子。如果对孩子说一些不该说的话，势必不利于孩子的健康成长。因此，父母在与孩子交谈时应注意自己的措辞。

措辞灵活，说话幽默，则更利于被孩子接受。同时经常用幽默的语言刺激孩子的视觉、听觉以及脑部神经，会加深孩子对幽默说话形式的印象以及认可，有利于培养孩子的幽默口才与淡定的心态。

另外，孩子是最天真的，且最具备好奇的心思。在与孩子沟通以及教导孩子方面要有耐心，并保持一颗童心。有一个故事能够让人理解孩子那份真挚的天真。

为了培养儿子的艺术修养，爸爸带他到音乐厅欣赏小提琴演奏会。一小时、两小时过去了，台上的演奏者依然在不停地演奏。

最后，儿子实在是忍无可忍了，他大声问："爸爸，他要到什么时候才能把那个木盒子锯开？"

在这种情况下，爸爸应该耐心地给予说明，而不是指责孩子有多笨。爸爸这样幽默地回答："儿子，那个木盒子叫小提琴，小提琴和锯它的人是朋友啊，朋友就是要在一起合作的，锯开了不就成敌人了？"这位爸爸真是聪明，在向孩子说明了小提琴之后，还能风趣地提出一些人生的道理。这样的讲话会帮助孩子在成长中，能通过一件事物去联想到一些哲理。

概括起来，父母与孩子在幽默对话中主要应切忌说以下八种话。

1. 不说损伤话

有些性格急躁的父母，恨铁不成钢，动辄挖苦孩子，孩子耳濡目染，身心定会受到创伤。幽默的讽刺，无疑会把孩子的自尊心破坏殆尽。因为孩子往往会觉得：第一，自己遭到了贬黜，一无是处甚至没有希望；第二，想要摆脱人见人爱的兄弟姐妹；第三，为没人喜欢自己而愤愤不平。

2. 不说吓唬孩子的话

幽默是为了给孩子营造一种轻松的沟通氛围，为了让孩子愉快接受自己的批评与见解。幽默的说教，同时也是为了给孩子建立一种健康的心态。如果把幽默用错了地方，只是用来吓唬孩子，那么幽默就失去了它本身的教育意义。

3. 不说命令话

有些父母爱在孩子面前耍威风，说话也往往是在下禁令。可是长时间处在命令中的孩子往往就会变得迟钝，缺乏创造力。

4. 不说气话

有些缺乏修养的父母，稍不顺心就拿孩子撒气。孩子

幽默的艺术

不敢接近,又躲避不了。比如,孩子有时问点事情,父母也没好气地说:"我是先知啊?不知道,问别人去!"这些使孩子横遭冷落的气话,是父母应该忌讳的。

5. 不说宠爱话

有些父母,对子女溺爱。常常说"你是妈妈的心肝儿""命根子"。有时孩子撒娇,要什么父母就给什么。这些容易使孩子养成各种各样的坏毛病。幽默与孩子沟通需要建立在理性的基础之上,理性就应该远离溺爱的话语。

6. 不说侮辱话

有些不理解孩子心理的父母,当发现孩子有什么"不端",便凭主观臆断,认为孩子大逆不道,甚至口不择言地说"小流氓"……还有的父母虽然不会正面指责,但往往会旁敲侧击、指桑骂槐,弄得孩子反驳也不是,解释也不是,只好委屈地忍受着。

7. 不说埋怨话

当孩子犯错误之后,他会感到很无助,会后悔当初没听从父母的话。这时,父母最好不要说一些埋怨的话语。否则,孩子会为了反抗父母轻蔑的话而开始辩解。"要么在绝望中屈服,要么在愤怒中反叛"这两种思想都不利于孩子成长。

8. 不说欺骗话

有些言行不一的父母,言不信,行不果。欺骗孩子的话一般有:"听妈妈话,明天领你去太空赏月。"这些话若无法落实,久而久之,孩子就再也不信了。这种话造成的后果,比不说还要坏。

用幽默的方式赢得父母的欢心

现代社会是一个全方位的概念，而人生又是由许多因素集结起来的，因而完美的生活不但包括了要处理好在社会上方方面面的关系，还应该处理好家庭内部各种关系，特别是和父母或孩子之间的关系。

要创造良好的亲子沟通氛围，幽默是非常有效的方式。世界上有很多人在拒绝悲伤、拒绝痛苦，但却不会有人拒绝幽默的笑声。幽默的沟通让孩子高兴，让大人开怀。幽默沟通的力量在于可以让家庭更加温馨怡人。

父亲责骂女儿太吵："你不是答应我要安静的吗？不是跟你说好了，你不安静的话要挨打的吗？"

"是啊，爸，"女儿表示同意，"我没遵守我的诺言，要是你不遵守你的诺言，也没关系的。"

女儿的一句幽默话就把父亲给逗乐了。

年轻的时候，自己的想法与父母的想法总是格格不入。出现矛盾冲突的时候，最恰当的办法是避实就虚，以软代硬。像这位姑娘，即使心里不痛快，却没有直接顶撞父亲，而是以幽默的方式来化解父亲的怒气，缓和双方的紧张气氛。

想赢得父母心，就要摆正与父母交流的姿态，彼此以友好、支持的姿态进行沟通。

幽默的艺术

母亲与儿子正谈着他的女朋友。

"她喜欢你哪一点?"母亲问。

"很简单,"儿子谦虚地说,"她认为我英俊、风趣、聪明、能干、舞又跳得好。"

"那你喜欢她哪一点呢?"

"喜欢她认为我英俊、风趣、聪明……"

儿子傻乎乎的言辞勾起慈母的多少怜爱!其中的小小机智也避免了母亲的刨根究底,母子之间有一种朋友式的默契。幽默式的沟通,让母亲感受到了儿子是喜欢他的女朋友的,而他女朋友对他也是真心的。幽默的沟通,可以打消父母的顾虑,给父母一种积极向上的生活态度,也向父母表明了自己很幸福。

除了有恰当的与父母沟通的姿态,还要有运用幽默调和家庭气氛、维护家庭和谐的责任心。亲子之间的幽默生活,并不只是为了表面的欢笑,是为了让家庭在乐趣中充满更多温情与爱意,是为了让家庭的责任共同承担,让家庭的欢笑共同分享。

看看这位小伙子做得有多棒!

周末,父子两人结伴到森林里露营。

"好了,很有趣吧?"父亲问。

"我想是吧,"儿子说,"只是下次,我们是不是可以带妈妈和番茄酱来?"

当爸爸听到儿子在挂念他妈妈，一定会感到很欣慰。是的，家庭不是一个人的家，而是由全家人组成的家。真正的一家人既能在困境中相互依靠，也能在享受幸福的时候互相惦念。

尽管父母可能不会料到孩子竟有如此曲折的心意，但是他们会从孩子的话语中看到自己的处境，从而能更轻松地面对生活。可见，赢得父母心，幽默功不可没。